JN273722

耐震化の法律読本

法的リスクを回避するための
Q&A 80

弁護士法人匠総合法律事務所　著

建築技術

「耐震化の法律読本」の刊行に寄せて

　2020年の東京オリンピック・パラリンピック開催が決定し，私たちが専門分野とする住宅・建設業界も活況となってきました。

　1964年の東京オリンピックから約50年が経過する今，当時，建設された高速道路や橋など，沢山の公共施設は耐用年数を迎えます。また，新耐震基準以前に建築された建物も多くあり，首都直下型地震の発生確率が高いことを考えれば，「この際だから」耐震改修や耐震性の強い建物への建替えなどの需要が多く発生してくることでしょう。

　そして，東日本大震災からの復興およびわが国の優れた防災都市構築のスキルを世界にアピールしていくためには，防災の観点から積極的な都市計画の推進が必要となるでしょうし，建物の耐震化に向け，多くの英知と行動力が求められるところです。

　また，防災都市の構築の必要性は，2020年東京オリンピック・パラリンピックが開催される東京だけではありません。

　一例を申し上げれば，南海トラフを震源とする巨大地震が懸念される東海・関西・四国・九州南部の地域でも必要となります。日本全国の各都市が，この防災都市機能を強化して，2020年の東京オリンピック・パラリンピックで世界に披露し，日本の防災都市構築の英知および技術を全世界に輸出するのです。

　この役割を誰が演じるのか？　都市政策にかかわる法的課題の克服については，当事務所所属弁護士も積極的に関与していきます。

　しかし，最も活躍すべき立場にあるのは，耐震改修工事を積極的に推進する建築主であり，耐震診断・設計に関与する建築士，耐震改修工事に取

り組む建設会社の技術者など，建築・建設に携わる皆様です。

　この耐震改修工事は，新築建物の設計・施工とは違うトラブルが生じるリスクがあります。このリスクをしっかりと分析し，リスク回避を果たし，安心して積極的に耐震改修工事に取り組むことは今後，耐震改修工事を積極的に推進していく日本の都市政策にとっても重要なことではないか，と考えております。

　本書は，耐震改修工事に取り組む建築主，設計事務所，建設会社等の方々に向けて，私たち，住宅・建設業界における専門弁護士より，法律の考え方，トラブルリスクの回避方法について，解説をさせていただいております。また，当事務所所属の弁護士兼一級建築士の菅谷朋子から，技術者の目線で，技術者の方々に知っていただきたい法律知識の解説も加えております。

　本書が，建築・建設に携わる皆様に，積極的に防災都市構築に関与するきっかけとなり，東京オリンピック・パラリンピック後は，日本の建築士が「防災都市構築」「耐震性の向上」の技術力を世界で発揮していただくためのきっかけとなれば幸いです。

2014 年 2 月吉日

弁護士法人匠総合法律事務所
代表社員弁護士　**秋野卓生**

弁護士，そして建築技術者として思うこと

　今から十数年前の冬の早朝，兵庫県南部地震（阪神・淡路大震災）が起きました。当時，私は，建設会社（旧㈱間組）の大阪設計室に赴任したばかりの新米の建築士であり，大阪市北区に住んでおりましたが，湧き上がるような地鳴りとその後の激しい揺れは，今でもはっきり記憶しています。

　復旧工事や被災調査などで徐々に目にするようになった被害の状況，特に神戸の町の建物の変わりようは，想像を遥かに超えたものでした。1階や途中階がなくなったビル，パイ菓子のように崩れたビルがやたら目につき，エキスパンションでつないで増築したビルは，古い既存部分だけが跡形もなく崩れていました。子どもの頃住んでいた東灘の高台に登りましたが，地盤の違いが住宅地の被害にはっきりと表れているのがわかりました。また，友人の何人かが，住んでいた1階が押し潰されて閉じ込められましたが，どうやらその建物は，屋上に違法に増築していたらしいと聞きました。

　意匠設計の私にできることは，現場や全国からの支援部隊のサポートと，被災調査の応援，役所協議に通うことくらいでしたが，その時の現場の空気，建設技術者たちの熱気を少しでも感じることができたのは，それからの私の人生に少なからず影響を与えたように思います。

　震災後，当時まだ珍しかった免震を採用した校舎の設計や，地震と免震を解説する教材作成や授業のお手伝いをさせていただき，地震と建物の問題により興味を持つようになりました。また，倒壊した建物の復旧に当たり，敷地境界線がわからず，法務局などへ行って古い登記簿や測量図などをかき集めた経験は，弁護士という仕事に向かう一つのきっかけだったのかもしれません。

　その後，10年以上経って，私は弁護士になりました。

　ゼネコンの意匠設計というかつてのポジションは，あらゆる方面に対する中心軸であり，何でも屋でした。ですから，それに法律というツールをプラスし，建築の現場で生じる問題を整理することや，技術者と一般の人，裁判所との間に立って，それぞれの世界をつなぐという弁護士の仕事は，まさにその延長線上にあるものです。

　そして，今，東北地方太平洋沖地震（東日本大震災）で被災した建物などの問題に，弁護士として取り組んでいます。

東日本大震災後，日本中，特に東京の人たちが，地震時の防災・減災について，自分の問題として考えるようになったと思います。安全に対するコストの考え方にも変化があり，免震構造も珍しいものではなくなりました。また，昨今，南海トラフなどを震源とする巨大地震や首都直下型地震が，高い確率で発生すると予想されており，さまざまな分野での検討や対策が進みつつあります。

　しかし，一方で，耐震性の不足した建物は数多く存在しています。

　耐震化の実現は，政治や経済などの問題解決が必要な面もあり，容易なことではありません。しかし，建築実務を知る弁護士として，建物や工事に関する法律問題など，身近なところから耐震化のお手伝いをしていきたいと考えています。

　本書は，耐震化を推進する建築技術者や，自ら耐震化を検討している人などを対象に，耐震化と関連する建築・不動産の問題を，法律の視点から整理し，できるだけわかりやすい言葉で伝えることを目指して企画・執筆しました。地震により建物倒壊などの被害が発生した場合の法律関係をはじめとして，耐震補強工事を行う場合に生じ得る設計上・施工上の法的問題，不動産取引に関する法的問題など，具体的な事案に即して説明するようにしています。

　このたび，耐震改修促進法が大きく改正されましたが，ここを一つの契機とし，2020年の東京オリンピック・パラリンピック開催を一つの目標として，耐震化の裾野が大きく広がっていくことを期待したいと思います。

　本書が，皆様の業務と耐震化の推進に少しでもお役に立てれば，建築と法律の双方にかかわる弁護士として，とても嬉しく思います。

2014年2月吉日

弁護士法人匠総合法律事務所

弁護士・一級建築士　**菅谷朋子**

「耐震化の法律読本」の刊行に寄せて　002
弁護士，そして建築技術者として思うこと　004

第1章
大地震，起きたらどうなる？　013

01｜地震と建物の責任問題

Q1：地震時にビルが倒壊して，そのビルを訪れた
　　人や通行人が死傷した場合，誰が責任を負うのですか？　014

Q2：地震との関係では「瑕疵」はどのように判断されますか？　017

Q3：建物倒壊は「地震のせい」とはいえないのですか？　020

Q4：売買したビルが地震時に倒壊したことについて，
　　売主が責任を負うのはどのような場合ですか？　024

Q5：被害者と直接の契約関係にない設計者，施工者が，地震時に
　　ビルが損壊したことについての責任を負うのは，どのような場合ですか？　027

02｜転ばぬ先の耐震改修

Q6：耐震改修促進法とは，どのような法律ですか？　030

Q7：促進法改正のポイントは何ですか？　032

Q8：分譲マンションでも耐震改修はできますか？　036

Q9：耐震診断や耐震改修は信頼できますか？　038

Q10：促進法の改正で，建物所有者等の責任問題に影響は生じますか？　040

03｜地震被害でも生じ得る責任

Q11：地震時にテナントビルが一部倒壊して買い物客がケガをした場合，
　　 テナントは買い物客に対して損害賠償義務を負いますか？　043

Q12：地震時に賃貸マンションが半壊して入居者がケガをした場合，
　　 賃主であるマンションの所有者は入居者に対して責任を負いますか？　044

Q13：地震時に借りていた事業所が半壊して
　　 従業員がケガをした場合，会社は従業員に対して責任を負いますか？　047

Q14：地震時に古くからある擁壁が崩落して
　　 通行人がケガをした場合，土地の所有者は責任を負いますか？　050

第2章
設計者が果たすべき「法令遵守」と「説明義務」 053

01 | 立ちはだかる確認申請の壁
Q15：どのような改修工事に確認申請が必要ですか？ 054
Q16：どのような場合に，既存建物に現行法が適用されるのですか？ 056
Q17：前の工事の検査済証がないと，確認申請はできないのですか？ 058
Q18：改修工事を行うに際し，工事監理者は，
施工により生じた瑕疵や工期遅延の責任を問われますか？ 060
Q19：設計者・工事監理者が行政処分の対象となるのは，どのような場合ですか？ 065
Q20：設計業務に関連して，刑事責任を問われることはあるのですか？ 067

02 | 設計者の説明義務
Q21：最近よく聞く「説明義務」とは何ですか？ 070
Q22：耐震診断・耐震改修の何について説明すべきですか？ 073
Q23：既存建物のリスクについて，どう説明したらよいですか？ 076
Q24：天井や設備や地盤など構造体以外の耐震性の説明は必要ですか？ 078
Q25：耐震補強費用に関する助成金や税制優遇については，
設計者が調査・説明しなければなりませんか？ 081
Q26：耐震補強の結果，隣地境界線からの
離隔距離50cmを確保できない場合，どうすべきですか？ 083

03 | 改修工事の設計トラブル
Q27：店舗リニューアルで耐震性が著しく低下した場合，どうすべきですか？ 085
Q28：改修設計に際し，施主の要望がなくても，
耐震診断・耐震改修の説明は必要ですか？ 089
Q29：既存部分に防火区画の瑕疵発見！どう対処すべきですか？ 093
Q30：既存部分に集団規定の瑕疵発見！どう対処すべきですか？ 097
Q31：設計内容が工事予算を大幅に超えた場合，どうすべきですか？ 101
Q32：施主に設計変更の追加設計料を払ってもらえますか？ 104

第3章
施工者が改修工事で遭遇するトラブル　107

01｜施主との関係を決する「契約」

- **Q33**：施主が，開始したばかりの工事を「中止しろ。」と言ってきました。この場合，施工済部分の工事費や発注加工済の資材の費用を施主に請求することはできますか？　108
- **Q34**：施主による変更や未決定事項が多過ぎて，工事が中断してしまい，一向に進みません。施工者側より，工事を途中で辞退することはできますか？　112
- **Q35**：請負契約直前に，施主から工事発注を中止された場合，契約に先行して材料などを発注した費用を請求できますか？　116
- **Q36**：請負契約前であれば，施工者から自由に工事を辞退することはできますか？　120
- **Q37**：規模の小さな改修工事の施工中に，工事範囲外の既存部分の法令不適合を発見してしまいましたが，何か対応する必要がありますか　122
- **Q38**：追加変更工事代金を支払ってもらうためには，何に注意すればよいですか？　126
- **Q39**：耐震補強工事中に地震が発生して，既存建物が損傷を受けました。補修費用を負担しなければならないでしょうか？　129
- **Q40**：地震発生時に建物の免震装置が適切に機能せず，甚大な損害が発生しました。建物完成引渡し後の施主の維持管理が不適切だった場合でも，損害賠償義務を負うのでしょうか？　131

02｜こんな設計・監理は要注意

- **Q41**：設計図書通りに施工して耐震性を損なう結果となった場合でも，施工者は責任を負うのですか？　135
- **Q42**：設計者・監理者の追加変更工事の指示に，そのまま従って大丈夫ですか？　140

03｜避けたいご近所トラブル

- **Q43**：住民から，耐震改修工事がうるさいので，工事を止めろといわれた場合，どうすべきですか？　142
- **Q44**：マンションの耐震改修工事の際に，劣化した共用部分の給水管を破損して漏水させ，下階の住戸を浸水させた場合，損害賠償義務を負いますか？　146
- **Q45**：既存建物の外側に耐震補強を行うので，隣地に越境しなければ足場が組めない場合，どうすべきですか？　149

第4章
不動産取引で押さえておきたい耐震性　151

01｜不動産契約と耐震性

Q46：購入した建物の耐震性不足を理由に，売買契約を解除できますか？　152

Q47：貸しているビルの耐震性が新耐震基準より劣っていることが
わかった場合，賃貸人は耐震改修をしなければならないのですか？　155

Q48：耐震性の不足による耐震改修や
建替えを理由として，賃借人に立退きを求めることはできますか？　158

Q49：賃借人から，耐震改修工事期間中の賃料の
減額を求められていますが，応じなければなりませんか？　161

02｜情報公開と風評被害

Q50：耐震診断の結果が悪かった場合にも，
買主に対し，結果を伝えなければなりませんか？　164

Q51：耐震診断の悪い結果の報告を提出せず，または，
虚偽の結果を報告した場合はどうなりますか？　166

Q52：宅建業者は，土地の液状化被害が生じる
危険性について，売買に際し説明する必要はありますか？　168

Q53：老朽化し耐震性を欠くビルを建替えたいので，入口の
目立つところに「この建物は地震で倒壊します」と掲示してもいいですか？　171

第5章
分譲マンションの「建替え」「耐震改修」　175

01 ｜ 区分所有法がもたらすもの

Q54：分譲マンションで
　　　大規模修繕工事を行うには，どのような手続きが必要ですか？　176

Q55：専有部分と共用部分は，どのように区分されますか？　179

02 ｜ 大地震の被害にどう対応するか？

Q56：大地震で分譲マンションの一部が損壊して，通行人が
　　　ケガをしました。誰が誰に対して，損害賠償を請求することになりますか？　182

Q57：建替えと修繕，どちらを行うべきかは，何を基準に判断すればよいですか？　186

Q58：建替えと修繕，工事の実施には，それぞれどのような手続きが必要ですか？　189

Q59：修繕に必要な工事費は，誰がどのような割合で負担するのですか？　193

03 ｜ 耐震補強の進め方

Q60：分譲マンションでも，耐震診断と結果の報告が義務となる場合がありますか？　195

Q61：耐震診断実施の意思決定から
　　　耐震改修工事の実施までの手順は，どのようになりますか？　197

Q62：耐震改修に必要な工事費は，誰がどのような割合で負担するのですか？　202

Q63：耐震改修工事の実施に際しては，どのような問題が考えられますか？　205

第6章
建物をめぐる法律問題の基礎知識　207

- Q64：「法律上の責任」って何ですか？　208
- Q65：損害賠償を支払わなければならないのは，どのような場合ですか？　210
- Q66：損害賠償請求を拒めるのは，どのような場合ですか？　212
- Q67：「私のせいではありません。」と反論して，責任を免れることはできますか？　214
- Q68：「仕方がなかった」と主張して，責任を免れることができますか？　216
- Q69：契約をすると，法律上はどういうことが起こりますか？　218
- Q70：建築を請け負った施工者は，どのような責任を負いますか？　220
- Q71：設計者，工事監理者は，どのような責任を負いますか？　222
- Q72：建物の売主は，どのような責任を負いますか？　224
- Q73：建物の賃貸人は，どのような責任を負いますか？　226
- Q74：「不法行為」とは何ですか？　227
- Q75：建物を所有しているだけで，損害賠償義務を負うことはありますか？　229
- Q76：不法行為責任は，何年で請求できなくなりますか？　231
- Q77：「法的な解決」とは，どういうことですか？　233
- Q78：建築基準法違反は，損害賠償の裁判にどのように影響しますか？　234
- Q79：裁判所は「真実」を解明してくれますか？　235
- Q80：「信義則」って何ですか？　236

この本で用いている用語・略語　238
リスク情報開示・想定リスク分散型の新たな契約書のススメ　240

パートナー弁護士	秋野卓生
	有賀幹夫
アソシエイト弁護士	永瀬英一郎
	吉川幹司
	中川藤雄
	内田 創
	森田桂一
	井上雅之
	大友秀剛
	新井一希
	三澤 彩
アソシエイト弁護士・一級建築士	菅谷朋子
アソシエイト弁護士・技術士	江副 哲

第 **1** 章..............

大地震，
起きたらどうなる？

リスクの回避は，リスクを知ることから始まります。
地震と建物の問題を考える出発点として，
耐震性が不足している建物などが，
地震時に倒壊・損傷した場合の
責任問題について検討し，耐震化へ向けた
改正耐震改修促進法について紹介します。

01 | 地震と建物の責任問題

建物倒壊の工作物責任

Q1：地震時にビルが倒壊して，そのビルを訪れた人や通行人が死傷した場合，誰が責任を負うのですか？

A　その倒壊が地震による不可抗力ではなく，耐震性の不足といった設置または保存の瑕疵に起因すると認められるのであれば，ビルの占有者，所有者の損害賠償義務が問題となります。

瑕疵に起因してビルが倒壊した場合における第三者に生じた損害に対する責任は，契約関係を前提としない第三者間での紛争に関わるものですので，不法行為責任（**第6章Q74**）の問題となります。

特に，建物など「土地の工作物」が原因で第三者に損害が発生した場合ですので，不法行為責任の一種である「工作物責任」（**第6章Q75**）についての検討が必要となります。

ビルの倒壊が，地震をきっかけとしたものであっても，建物に「設置・保存の瑕疵」があり，これらの瑕疵が原因で倒壊したのであれば（因果関係），工作物責任が成立します。

この「設置・保存の瑕疵」とはどのようなものか？については，

　→ **Q2：瑕疵の基準となる耐震性**

因果関係（原因→結果の関係）はどのような場合に認められるか？については，

　→ **Q3：原因は瑕疵か，地震か？**　で説明します。

この責任を負うべき主体についてですが，民法717条の条文上は，一次的に工作物責任を負うのは占有者であり，ただし，占有者が損害の発生を防止するのに必要な注意をしたときは，建物所有者が責任を負うことになっています。

もっとも，建物の耐震性不足が原因で，地震をきっかけに建物が倒壊したという事案では，後述のとおり，通常，占有者の管理に落ち度があったとは認め難く，そのため，所有者の責任が問題となる場合が多いものと思

われます。

耐震性不足に関し，占有者が責任を負う場合とは？

　設置または保存の瑕疵により事故が生じた場合，占有者は，「損害の発生を防止するのに必要な注意をした」ことを証明しなければ，一次的に工作物責任を負う関係にあります（**民法717条1項**）。その趣旨は，工作物を直接支配しているのが占有者であるからといわれています。

　もっとも，この要件をどこまで厳格に考えるべきか，という点については慎重な考慮を要します。例えば，以下では占有者の典型例として，賃借人の場合を考えてみます。建物の賃借人が占有者である場合，建物の耐震性不足に関しては，通常，賃借人は，建物に瑕疵があるかどうかを知ることはできず，また，仮に瑕疵があることを知ったとしても，自ら補強工事を行うことはできません。所有者の物に，勝手に改変を加えることになりかねないからです。

　また，既存不適格建築物ですらない違反建築物を目的物とした賃貸借契約の場合であれば，解釈に争いが生じるところと思われますが，賃貸人が賃貸借契約に基づいて負う「修繕義務」には耐震性の向上までは含まれず（**第4章Q47**），仮に賃借人が求めても，賃貸人は耐震改修までを行う義務を負わないと考えられます。このように考えれば，賃借人が，賃貸人に対し，法的権利として耐震性に関し調査を求めたり，耐震改修を請求することはできないということになります。

　したがって，建物の耐震性の不足に関しては，賃借人は具体的対策を期待されるべき立場になく，賃借人ができる範囲での「必要な注意」をしたといえるか否かを実質的に判断すると，通常の賃借人に行い得る維持管理を行っていれば，耐震改修に向けた積極的な努力をしなかった賃借人でも「必要な注意をした」として免責される可能性が高いと考えます。例えば，アスベスト吹付がなされた工作物の安全性が問題となった事案（**大阪高裁平成22年8月31日判決**）では，占有者である賃借人は，利用者の中皮腫罹患に関しては，「現状を超えた何らかの措置を執ることを期待することはできなかった」として，「必要な注意をした」と評価され，免責されています。

　一方，賃借人自身が，耐震性を低下させる改修工事を行っていた場合や，

賃貸人の行おうとしている耐震改修を合理的理由なく妨げた場合などにおいては，賃借人が工作物責任を負う可能性があるといえるでしょう。

参考裁判例

大阪高裁平成22年3月5日判決

　アスベストが吹付けられた建物内で働いていた人が，中皮腫に罹患して死亡した事案。

　「民法717条1項は，上記のとおり，土地の工作物の種類に応じて通常有すべき安全性を欠くことを瑕疵としているのであって，工作物に絶対の安全性を求めてはいないが，この「通常有すべき安全性」とは，瑕疵判断の基準時に社会通念上要求される工作物の安全性（言い換えれば社会通念上許容される工作物の危険性の限度）をいい，客観的に定められるべきものであって，予見可能性・回避可能性の有無によって左右されないと解される。すなわち，基準時の技術水準やコストなど諸般の事情を勘案して，予見可能な危険に対する安全性を充たさない工作物が社会通念上許容され，瑕疵がないと評価されることもあり得る（例えば，震度6強や7の地震の可能性の知見があり，これに耐える建物が技術的に可能であっても，技術水準やコストなど諸般の事情を勘案して，これに対応する安全性を充たさない工作物（例えば震度5強まで）でも瑕疵がないと評価されることもあり得ないではない。）。」

　「本件建物の占有者である○○は，△△の中皮腫罹患に関しては，現状を超えた何らかの措置を執ることを期待することはできなかったのであり，その意味で民法717条1項ただし書所定の損害の発生を防止するのに必要な注意をしたと評価せざるを得ない。」

　なお，同判決は，所有者の工作物責任を認めましたが，上告審である最高裁平成25年7月12日判決は，アスベストの危険性に関して「本件建物が通常有すべき安全性を欠くと評価されるようになったのはいつの時点かを明らかにしないまま」瑕疵の判断を行っており，審理が尽くされていないとして，同判決の所有者の責任を認めた部分を破棄し，審理を高裁に差し戻しました。

瑕疵の基準となる耐震性

Q2：地震との関係では「瑕疵」はどのように判断されますか？

A　建築当時の基準に照らし必要とされる耐震性能を欠く場合，通常備えているべき安全性を欠き，建物に瑕疵があると判断されます。

　工作物責任の成立には，建物などに「設置又は保存の瑕疵」があり，そのため，他人に損害が生じたことが必要です。

　「瑕疵」とは，きず，欠点という意味で，一般的な言葉でいえば，欠陥という言葉のイメージに近いものです。ここでの「瑕疵」は，「工作物が，その種類に応じて，通常予想される危険に対し，通常備えるべき安全性を欠いていること」と理解されています。

　そして，設置した当時から瑕疵がある場合が，設置の瑕疵であり，維持・管理が不十分で生じた瑕疵が，保存の瑕疵です。

　建築物にとって，「通常予想される危険」とは何でしょうか？
　どのような場合に，「通常備えているべき安全性を欠いている」と評価されるのでしょうか？

新耐震建築物の「通常備えているべき安全性」

　瑕疵判断における「通常」の解釈に際しては，建築基準法が建物にどのような耐震性を要求しているのかということを，考慮することが有用です。
　昭和56年以降の新耐震基準で建てられた建物（新耐震建築物）については，
　①通常予想される危険　→　②通常備えているべき安全性
を，新耐震基準の考え方に基づき，判断すべきことになります。
まず，
　中規模の地震動：中程度の荷重・外力
　　　　　建物供用期間中に一度以上発生する可能性の大きい地震動
　大規模の地震動：最大級の荷重・外力
　　　　　建物供用期間中に発生する可能性のある最大級の地震動
ということを前提として，
　①震度5強〜6弱クラスの中地震により発生する中規模の地震動
　　→　②構造耐力上主要な部分に損傷が生じないこと

①震度6強〜7クラスの大地震により発生する大規模の地震動
→ ②建築物が倒壊・崩壊しないこと

という観点から、それぞれの②の性能を満たさない場合は、瑕疵がある可能性が高いと評価できます（国土交通省住宅局建築指導課他監修「建築物の構造関係技術基準解説書」2007年）。

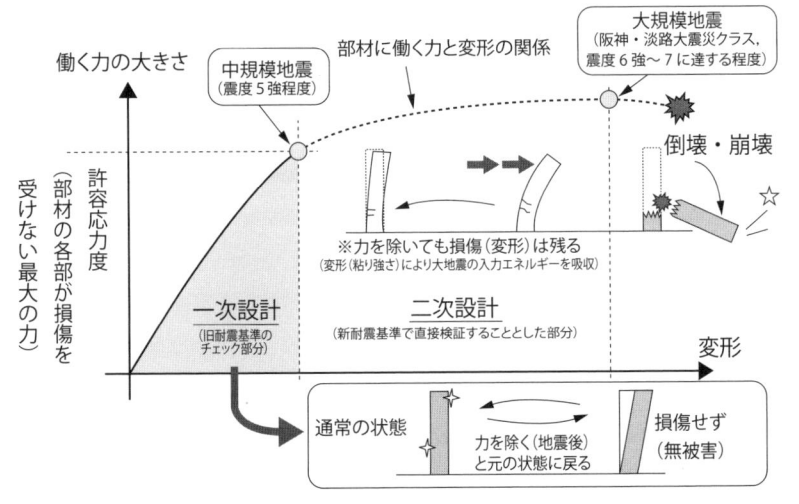

国土交通省HP「建築基準法の耐震基準の概要」より

既存不適格建築物は、「通常備えているべき安全性」を欠くか？

では、新耐震基準以前の基準（旧耐震基準）に基づき建築され、現行の建築基準法の耐震性を満たさない建物（既存不適格建築物）についても、上記の瑕疵の判断基準が当てはまるでしょうか。

確かに、一般の人は、普段の生活で建物を「新耐震」と「既存不適格」で区別しておらず、およそ「建物」というものはすべて、大地震に遭遇しても倒壊・崩壊しないことが「通常」であると考えているように思われます。

しかし、結論からいうと、既存不適格建築物について、現行法の耐震性を有しないことだけを理由に、瑕疵があると判断することはできないのです。

なぜなら、①現行法の耐震性を満たさない建物の存在を法は認めており（既存不適格建築物は違法建築ではない）、②裁判所も、現行法の耐震基準を満たさない建物を許容しています（裁判例は、建築時や増築時の基準

に照らして，安全といえるか否かという観点から瑕疵の有無を判断しているケースが多いと考えられます。)。さらに，③社会の現実において，既存不適格建築物であっても，現行法の耐震性を満たさないことを前提に不動産取引の対象となっています。

　このように，既存不適格建築物における「通常備えているべき安全性」とは，建築当時の旧耐震基準を満たす程度の耐震性能ということになります。

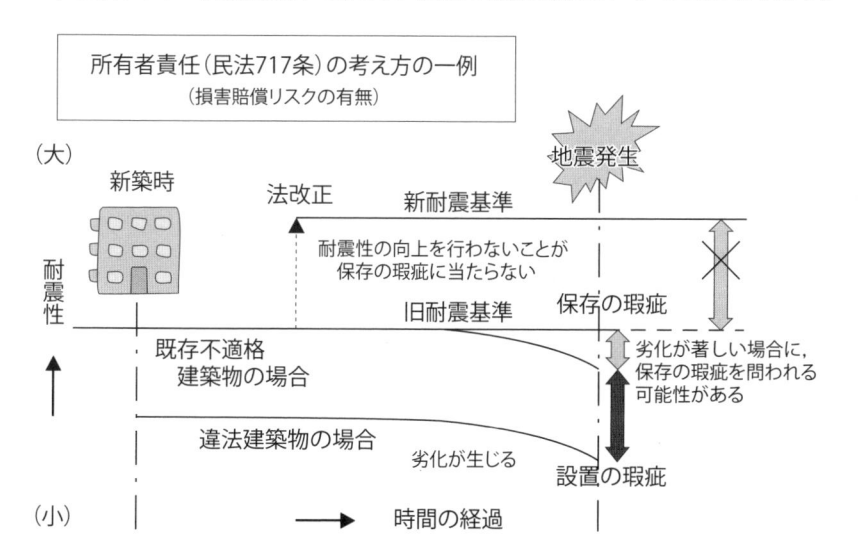

所有者責任(民法717条)の考え方の一例
(損害賠償リスクの有無)

(大)　新築時　　法改正　　新耐震基準　　地震発生

耐震性　　耐震性の向上を行わないことが保存の瑕疵に当たらない

　　　　　　　　　　　旧耐震基準　　保存の瑕疵

既存不適格建築物の場合　　　　　　劣化が著しい場合に，保存の瑕疵を問われる可能性がある

違法建築物の場合　　劣化が生じる　　設置の瑕疵

(小)　　　　　　時間の経過

違法建築，設計・施工上のミス・手抜きは「瑕疵」である

　建築当時の基準に照らした耐震性を欠く場合，すなわち，意図的な違法建築や，設計・施工においてミスや手抜きがあり，結果として耐震性が不足している場合は，建物に瑕疵があると判断されます。

　もっとも，建築後数十年経過し被災した建物について，建築当時の基準に合致していたことなど本当に証明できるのか（検査済証など残存していないことが多い），また，裁判所が，被災した建物の状況から，倒壊の原因が瑕疵にあるのかを正確に判断できるものなのか，疑問が残ります。

　仮に，倒壊した建物に設計図書と施工とで異なる箇所があること，また，周辺の建物などと比較して当該建物の損害が著しく大きいなどの事情が認められれば，これらは瑕疵が存する疑いを強める事情といえます。また，その他，建物の形状や建築時・増改築の経緯，破壊・倒壊の仕方などが，事後的に瑕疵を判断する要素として考えられます。

原因は瑕疵か，地震か？（因果関係）

Q3：建物倒壊は「地震のせい」とはいえないのですか？

A 建物の倒壊の仕方や周辺の被害との比較などから，地震は単なるきっかけにすぎず，建物に瑕疵があったからこそ倒壊したという関係にあると認められる場合には，瑕疵と倒壊の因果関係が認められ，「地震のせい」ではないという結論になります。

ただし，原因割合に応じて責任を判断する考え方もあります。

工作物責任には，工作物の瑕疵と損害との間に事実的因果関係（瑕疵があったからこそ損害が生じたという関係，瑕疵がなかったならば損害が生じなかったという関係）が必要です。

しかし，地震など自然力による災害の場合には，瑕疵がなかったとしても同じ結果が生じた可能性があり，因果関係が否定されるべきではないかという問題があります。

なお，地震などの自然力がきっかけとなって損害が発生した場合，「不可抗力」による免責の主張がなされることが多くみられます。

不可抗力とは，天変地異のような，人力ではどうしようもなく，最大の注意をもってしても損害が防止できないもの，といった意味で用いられます。

ここでは，法律上の整理として，不可抗力を，「建築時（増築時）の想定を上回る地震力が働いたことこそが倒壊の原因であり，建物の瑕疵が倒壊の原因なのではない」という，因果関係の否定を意味するものとして整理します。

兵庫県南部地震で被災した建物に関する裁判例

地震と建物被害の因果関係や，地震が不可抗力に当たるか否かについて論じた裁判例は多くありません。地震が小さいにもかかわらず建物が倒壊すれば，瑕疵の問題がクローズアップされ，因果関係よりも瑕疵の有無の判断に集約されることが多いといえます。他方で，地震が大きい場合は，長期間裁判を行うよりも復興に尽力した方がよいと考えて，早々に話し合いで解決する事案が多いからかもしれません。

近年の地震で建物被害が突出して多かったのは，兵庫県南部地震（阪神・淡路大震災）です。そこで，兵庫県南部地震で被災した建物に関する裁判例を見てみます。

　ホテルの増床部分が崩落し，宿泊客が死亡した裁判例（**神戸地裁平成10年6月16日判決**）は，
・大きな規模の崩落や倒壊が生じたのは，不適切な増築の方法によって構造的な危険性を有することになっていた増床部分だけだった。
・付近の震度は「6」であり，近隣の古い木造家屋は多数倒壊を免れている。
という事実を認定しつつ，被告の「未曾有の大地震という不可抗力」との主張を裏付ける事実関係を認めることはできないと述べ，崩落が建物の瑕疵によって引き起こされたことは明らかであるとして，瑕疵との因果関係を認めています。

　賃貸マンションが倒壊し，住人が死亡した裁判例（**神戸地裁平成11年9月20日判決**）は，
・建物が仮に建築当時の基準における最低限の耐震性を有していたとしても，結局は，倒壊する運命にあった可能性がある。
としながらも，
・建物が建築当時の基準に沿った通常有すべき安全性を備えていれば，1階部分が完全に押しつぶされる形での倒壊には至らなかった可能性もある。
・現に，1階に居た者全員が死亡したわけではない（から，住民の死亡が避けられた可能性がある）。
として，損害結果のすべてが不可抗力であることを否定しています。
　その上で，建物の瑕疵と兵庫県南部地震の想定外の地震力とが，競合して原因となっているとして，賃貸人である所有者に5割の責任を認めました。

　さらに，施工中の建物が倒壊し，施工者の債務不履行責任が問われた裁判例（**神戸地裁平成12年1月26日判決**）は，地震の揺れが設計上の想定を大幅に上回り，近隣建物に多くの被害が生じているとしながらも，設計図書と異なる施工があったこと，同じ工法による建物の倒壊数が極めて少ない

ことを理由に，建物の瑕疵があったことが倒壊の原因であるとして，不可抗力であることを否定しています。

裁判所の考える因果関係

　以上のとおり，裁判所は，建物の構造耐力に関する違法や瑕疵がある場合には，地震による建物の損傷・倒壊が不可抗力であることを否定し，因果関係を認める傾向にあるといえます。ただ，因果関係論を厳密に考えれば，「瑕疵がなかったとしても，地震によって生じる損害」は，因果関係がないという結論も考えられます。この点をどこまで具体的に考えていくべきかというところは，同種事例の中で検討していくべきであると思われます。

参考裁判例

神戸地裁平成10年6月16日判決

ホテルの増床部分の崩落について、「被災増床は、その増築手法の結果、地震の際にその接合部が破壊され易いという構造的な危険性を有することになっていたものであり、本件建物は、被災増床において、地震に耐えて崩落・倒壊を免れ、もって建物内を安全な移住空間として保つという通常要求される強度を保持していないことが明らかであり、その設置に瑕疵があるといわざるをえない。」

「本件建物の被災増床以外の部分は、地震による構造体等のひび割れなどの被害があったとはいえ、壁や天井の大きな規模の崩落や倒壊が生じた部分はなく、地震後も存立していた。また、本件建物の付近の兵庫県南部地震による震度は「6」であり、本件建物近隣の古い木造の家屋も多数が倒壊を免れている。…本件事故がその瑕疵によって招来されたことは、被災増床のみが崩落したという本件事故の状況に照らして明らかであるから、被告は、民法七一七条により、損害を賠償する責任を負う。」「本件事故が不可抗力によって発生したことを裏付ける事実関係を認めることはできない。」と判示しました。

神戸地裁平成11年9月20日判決

賃貸マンションの倒壊について、「本件建物は設計上も壁厚や壁量が不十分であり、…実際の施工においても、…補強コンクリートブロック造構造の肝要な点に軽微とはいえない不備があり、結局、本件建物は、建築当時を基準に考えても、建物が通常有すべき安全性を有していなかったものと推認することができる。」

「本件建物が仮に建築当時の設計震度による最低限の耐震性を有していたとしても、…結局は本件地震により倒壊する運命にあったとしても、仮に建築当時の基準により通常有すべき安全性を備えていたとすれば、…一階部分が完全に押しつぶされる形での倒壊には至らなかった可能性もあり、現に本件建物倒壊によっても本件地震の際に本件建物一階に居た者全員が死亡したわけではないことを併せ考えると、本件賃借人らの死傷は、本件地震という不可抗力によるものとはいえず、本件建物自体の設置の瑕疵と想定外の揺れの本件地震とが、競合してその原因となっているものと認めるのが相当である。」として、賃貸人に損害額の５割の損害賠償責任を認めました。

売主の瑕疵担保責任・不法行為責任

Q4：売買したビルが地震時に倒壊したことについて，売主が責任を負うのはどのような場合ですか？

A　売買した建物が倒壊した場合，建物に耐震性を欠くという瑕疵があり，その瑕疵が通常の注意を払っても買主が発見できないものであったときには，売主は，瑕疵担保責任に基づく損害賠償義務を負うのが原則です。また，買主による契約の解除が認められ，売買代金の返還義務を負う場合もあります。

民法上の瑕疵担保責任に基づく損害賠償請求権は，買主が事実を知ったときから1年以内にしなければならないとされ，引渡しから10年で消滅時効にかかると解されていますが，通常の不動産の売買契約においては責任を負う期間を2年程度と定める場合が多いです。ただし，新築住宅については品確法による特則があります（構造耐力上主要な部分等に関し10年）。

また，瑕疵担保期間を経過している場合でも，不法行為責任を負う可能性もあります。ただし，不法行為責任は，建物に瑕疵があることについて，売主に故意または過失がある場合に限られます。

例えば，次のようなケースを考えてみましょう。

売主Aは，5階建の，築5年の中古ビルを，瑕疵担保責任を負う期間を引渡し日から2年と定めて，買主Bに売却しました。売却から5年経過した頃，中程度の地震でビルは倒壊しました。

ケース①　ビルは，売主Aが屋上に明らさまな態様で違法に増築し，外観上総6階建の建物になっていました。

ケース②　ビルの建築工事には手抜きがあり，設計図どおりの鉄筋が入っていなかったことが，後でわかりました。

売主Aは，売買の目的物である建物に「隠れた瑕疵」があった場合は，売主の過失の有無にかかわらず，瑕疵によって買主に生じた損害について損害賠償義務を負います。また，買主Bは隠れた瑕疵によって契約の目的を達することができないときは，契約の解除をすることができます（民法570条，566条（無過失責任））。　→　第6章Q72

隠れた瑕疵とは何か？

　「隠れた瑕疵」とは，買主が，通常の程度の注意を払っても発見できないような瑕疵をいいます。隠れた瑕疵だからこそ，瑕疵がないことを前提とした代金を支払った買主を，保護する必要があるのです。
　この場合，通常の程度の注意とは，取引主体や取引の内容に応じたものであり，事案ごとに異なります。建売住宅を素人が買う場合と，大規模建物を不動産会社が買う場合とでは，通常の程度といえる注意のレベルは同一ではありません。

　耐震性の不足という瑕疵に関しては，建物の外観などから一見して明らかな場合というのは少なく，「隠れた瑕疵」に該当することが多いと思われます。
　築10年の新耐震建築物であるにもかかわらず，中地震で倒壊してしまった本件ビルには，瑕疵があると思われますが，売買契約の時点で，瑕疵が発見できたかというと，疑問があります。ケース①のような5階建の建物が6階建に違法に増築された場合には，明らさまな違法増築の形跡があり，瑕疵は発見できた可能性が高いと思われます。しかし，ケース②のような構造躯体の内部の瑕疵は，建物を剥き出しのスケルトンの状態にし，非破壊検査を実施するなど，詳細な現地調査をしなければ判明せず，不動産会社にとっても発見は難しいでしょう。

　本ケースでは，取引の経緯などによりますが，それなりの規模の建物の取引であることを考慮すると，買主Bの側にもそれ相応の注意深さを求められるとはいえ，ケース①は売買契約の経緯によっては，隠れた瑕疵とはいい難いと思われます。一方で，ケース②は隠れた瑕疵に当たる可能性があります。

もっとも，仮に瑕疵に該当するとしても，契約で定めた2年の瑕疵担保期間はすでに経過しているため，買主Bは売主Aに対し，契約の解除および損害賠償請求をできないという結論になります。

売主の不法行為責任

　では，不法行為責任は成立するでしょうか？「損害及び加害者を知った時から3年」以内で，かつ，不法行為のときから20年以内であれば，損害賠償請求権を行使することができることから，問題になります（**民法709条，724条，第6章Q76**）。

　売主が，瑕疵があることをあえて隠して売ったような場合（故意がある）や，瑕疵のある建物を売ったことについて，売主としての注意義務を怠った（過失がある）といえる場合には，買主は，瑕疵があることによって生じた損害を，売主に対して損害賠償請求できると考えられます。

　以下では，売主の過失の有無について検討します。

　ケース①の場合，違法な増築をしたのは売主Aであり，Aはまさに瑕疵を作り出した張本人です。したがって，仮に増築が違法であることを認識していなかったとしても，注意すれば十分に気が付くことができたといえる素地があります。この評価を前提とすれば，Aは不法行為責任を負うことになります。

　もっとも，ケース①の瑕疵は，買主Bから見ても通常の注意をもって気付いた可能性があります。そのため，過失相殺（**民法723条2項**）という双方の過失を考慮して賠償額を決定する旨の規定により，Bの過失を考慮し，損害賠償額が減額される可能性があります。

　一方，ケース②の場合，前述のとおり，構造躯体内部の瑕疵は売主Aにとっても通常知り得ないものといえます。したがって，特段の事情がない限り，瑕疵ある建物を売ったことについて，Aに過失は認められず，Aは不法行為責任も負わないという結論になります。

設計・施工者等の不法行為責任

Q5：被害者と直接の契約関係にない設計者，施工者が，地震時にビルが損壊したことについての責任を負うのは，どのような場合ですか？

A 設計者，工事監理者，施工者（以下「設計・施工者等」といいます。）は，建物の建築に当たり，契約関係にない居住者や利用者との関係でも，建物が，建物としての基本的な安全性を欠くことがないよう配慮すべき注意義務を負っており，その義務を怠って損害を生じさせた場合に不法行為責任を負うとされています。この場合の基本的な安全性を欠く状態とは，現在および将来において，生命・身体・財産を危険にさらすような瑕疵をいうものとされています。

したがって，ビル倒壊の原因となった耐震性の瑕疵について過失がある設計・施工者等は，不法行為に基づき損害賠償義務を負います。

ただし，責任を追及できるのは，被害者等が損害および加害者を知ったときから3年，かつ，不法行為時から20年間です。

例えば，次のようなケースを考えてみましょう。

建設会社Aは，施主Bからビルの建築を設計・施工で請負いましたが，施工図上のミスがあり，柱の配筋が不足したビルを完成させてBに引渡しました。ビルは，10年後に生じた小地震で大破しました。

ケース①　ビルの大破でケガをした通行人Cは，建設会社Aに対し損害賠償請求しました。

ケース②　引渡しから7年後に施主Bからビルを購入し，ビルの大破でケガをした転買人Dは，建設会社Aに対し損害賠償請求しました。

建設会社が，施主との関係で，建物の安全性について法的な責任を負っていることは当然として，施主以外の者，つまり譲受人や利用者や単なる通行人などに対しても責任を負うかという点が問題となります。

この点について，判例（**最高裁平成19年7月6日判決**）は，設計・施工者等は，「契約関係にない居住者や利用者との関係でも，建物が，建物としての基本的な安全性を欠くことがないよう配慮すべき注意義務」を負うことを明言し，同じ事案に関する2度目の上告審（**最高裁平成23年7月21日**

判決）は，「基本的な安全性」について，「居住者等の生命，身体又は財産を危険にさらすような瑕疵」であり，現に危険をもたらしている場合に限らず，当該瑕疵の性質に鑑み，これを放置するといずれは居住者等の生命，身体又は財産に対する危険が現実化することになる場合を含むと判示しました。

　基本的な安全性に関しては，構造躯体に関する問題だけでなく，バルコニー手すりの落下の危険などが例示されており，この考え方によれば，内装や外構など非構造部材の安全性に関しても適用されることになります。

　したがって，ケガ人が通行人Cであるケース①の場合も，転買人Dである②の場合であっても，過失により配筋不足のビルを建築した建設会社Aは，ケガに関して不法行為責任を負うという結論になります。

参考判例

最高裁平成19年7月6日判決

「建物は、そこに居住する者、そこで働く者、そこを訪問する者等の様々な者によって利用されるとともに、当該建物の周辺には他の建物や道路等が存在しているから、建物は、これらの建物利用者や隣人、通行人等（以下、併せて「居住者等」という。）の生命、身体又は財産を危険にさらすことがないような安全性を備えていなければならず、このような安全性は、建物としての基本的な安全性というべきである。そうすると、建物の建築に携わる設計者、施工者及び工事監理者（以下、併せて「設計・施工者等」という。）は、建物の建築に当たり、契約関係にない居住者等に対する関係でも、当該建物に建物としての基本的な安全性が欠けることがないように配慮すべき注意義務を負うと解するのが相当である。そして、設計・施工者等がこの義務を怠ったために建築された建物に建物としての基本的な安全性を損なう瑕疵があり、それにより居住者等の生命、身体又は財産が侵害された場合には、設計・施工者等は、不法行為の成立を主張する者が上記瑕疵の存在を知りながらこれを前提として当該建物を買い受けていたなど特段の事情がない限り、これによって生じた損害について不法行為による賠償責任を負うというべきである。居住者等が当該建物の建築主からその譲渡を受けた者であっても異なるところはない。」

最高裁平成23年7月21日判決（上記事案の差戻し後の上告審）

「「建物としての基本的な安全性を損なう瑕疵」とは、居住者等の生命、身体又は財産を危険にさらすような瑕疵をいい、建物の瑕疵が、居住者等の生命、身体又は財産に対する現実的な危険をもたらしている場合に限らず、当該瑕疵の性質に鑑み、これを放置するといずれは居住者等の生命、身体又は財産に対する危険が現実化することになる場合には、当該瑕疵は、建物としての基本的な安全性を損なう瑕疵に該当すると解するのが相当である。」

02 │ 転ばぬ先の耐震改修

促進法の概要・対象建築物

Q6：耐震改修促進法とは，どのような法律ですか？

A　促進法は，耐震性が現行の新耐震基準に満たない建築物（既存耐震不適格建築物）について，耐震改修を促進するための措置等を定める法律です。

そして，ここにいう措置とは，具体的には，国の定めた方針と都道府県の策定する計画に従って，建物所有者に耐震診断と耐震改修の義務を課し，一方で，補助金や融資，税制優遇などの経済的な支援を図るというものです。

建物所有者の義務は，多くの場合，努力義務に止まりますが，平成25年の改正により，耐震性確保の要請の高い一定規模の建物について，耐震診断の実施と結果の報告が義務づけられます。

促進法は，正式名称を「建築物の耐震改修の促進に関する法律」といいます。

地震災害の発生と法律の制定・改正は，常に「いたちごっこ」の関係にあります。昭和53年の宮城県沖地震を受けて，昭和56年に建築基準法の耐震基準が改正になりましたが（新耐震基準），促進法も，平成7年の兵庫県南部地震を受けて同じ年に制定されました。促進法の平成25年改正は，平成23年の東北地方太平洋沖地震による被害などの経験が反映されています。

国は，平成17年に，平成27年の耐震化率（耐震性が確認された建物の割合）90％という目標を掲げており，その後の経済低迷などから遅れていた建物の耐震化を，促進法改正により大きく進めたいと考えています。

促進法の耐震診断・耐震改修の対象となる建物

促進法の目的は，「地震による建築物の倒壊等の被害から国民の生命，身体及び財産を保護する」ことです（同1条）。

「倒壊等の被害」を想定していることから，一応は震度6強〜7クラスの大きな地震動（**第1章Q2参照**）に対しても，倒壊・崩壊しないことを目標としている新耐震基準に適合している建物は，同法に基づく耐震診断や

耐震改修の対象ではありません。また，昨今，課題とされている非構造部材の損壊も，直接の対象には含まれていません（もっとも，今後の運用指針として改修の促進を図るよう指導することは，促進法に関する通達で示されています（**平成25年11月25日国住指2930号**）。）。

また，促進法が対象とするのは，「既存耐震不適格建築物」（既存不適格建築物のうち，地震に対する安全性が明らかでないもの。具体的には，昭和56年5月31日以前に新築の工事に着手したもの。ただし，同年6月1日以後に，増築，大規模の模様替えなどの工事に着手し，検査済証の交付を受けたものを除く（**促進法施行令3条**）。）だけで，完了検査後に無確認で増築を行っていたような違反建築物も対象から除外されています（**促進法5条3項1号参照**）。違法な工事により耐震性が不足している建物は，促進法とは無関係に，建築基準法に基づき，所有者の負担と責任において是正すべきだからです。仮に違法に増築した部分の撤去費用を助成金で賄うとすれば，著しく不公平ということになります。

とはいえ，耐震診断は，建築当時の基準に対する適法・違法を判定するものではないことから，適法な手続きを行い，確認済証，検査済証を取得したものの，施工不備などにより当初から違法状態にあったものについては，促進法の対象から除外されないと考えます。

また，構造以外に関する違法がある建築物については，耐震改修と併せて，是正・適法化を行うことを前提として，耐震改修の助成の対象から除外されないと解する余地があるといわれています。

促進法が目標とする耐震性

促進法が目標とする耐震性は，「地震の震動及び衝撃に対して倒壊し，又は崩壊する危険性が低い」，すなわち，新耐震基準を考慮したレベルです。耐震診断は，促進法（**平成18年国土交通省告示184号，平成25年国住指2918号**）の認定に従い，（一財）日本建築防災協会「既存鉄筋コンクリート造建築物の耐震診断基準・同解説」（2001年版）など構造種別に応じた技術指針に従って行われます。

耐震改修促進の方策

Q7：促進法改正のポイントは何ですか？

A　今回の改正における主な変更は，以下の点です。

・公益上必要な建物等，耐震性向上が急務である建物の所有者に対する，一定の期限までの耐震診断の実施と結果報告の義務付け。
・上記診断結果の公表と，行政庁による耐震改修に関する指導・助言，指示。また，正当な理由なく，指示に従わなかった場合には，その旨の公表。
・耐震診断・耐震改修の努力義務が，すべての既存耐震不適格建築物の所有者に拡大。
・耐震改修の「計画の認定」制度（促進法17条）の要件緩和（耐震補強の必要からやむを得ない場合には，建ぺい率・容積率の超過が可能）。
・分譲マンション（区分所有建物）の耐震改修に必要な決議要件の緩和（普通決議にて決議）。

　以上の事項と，助成制度，融資制度，税制優遇などの経済的支援の拡充とが併せて行われます。

「努力義務」から強制力のある「義務へ」

　改正促進法は，耐震改修促進の対象となる建物を，耐震改修促進の必要性・緊急性から何段階かに分け，それぞれに対し，所有者の義務と行政庁の権限・役割を定めています。

　まず，促進法附則3条，促進法施行令附則2条が定める「地震に対する安全性を緊急に確かめる必要がある大規模な既存耐震不適格建築物」は，耐震改修促進の必要性・緊急性が極めて高い，いわば特Aランクです（「要緊急安全確認大規模建築物」といいます。）。この特Aランクには，病院，小・中学校，老人ホーム，劇場，百貨店等の規模が大きい建物（おおむね5,000m^{2}以上）が指定されています。これらの建物の所有者は，平成27年12月末日までに耐震診断を行い，その結果を所管行政庁に報告しなければなりません。

　次に，都道府県および市町村の地方公共団体が定める「耐震改修促進計画」において，特に大地震時の利用を確保する公益上の必要性が高い既存

耐震不適格建築物として規定される建物（**同5条3項1号**），および，避難や緊急輸送の見地から，大地震時に建築物の倒壊による通行妨害を防ぐ必要が高い道路として指定されている道路（**建築物集合地域通過道路等，同5条3項2号，同6条3項1号**）に接している「通行障害既存耐震不適格建築物」は，いわばAランクに相当します（「要安全確認計画記載建築物」といいます。）。Aランクの建物についても，計画に定める期限までに，耐震診断の結果を所管行政庁に報告する必要があります（**同7条**）。

これらの特Aランク，Aランクについて，報告された耐震診断の結果は，所管行政庁によって公表されます（**同9条，同附則3条3項**）。公表される項目は，建築物の名称，位置，用途，耐震診断の方法の名称，それによる安全性の評価（I_s値など），耐震改修などの予定（内容，実施時期）です。

さらに，診断の結果，耐震改修が必要と認められる場合，所有者は耐震改修を行うよう努力しなければなりません（**同11条**）。所管行政庁は，耐震改修について必要な「指導・助言」を行い，改修が行われない場合は必要な「指示」をすることができるとされています。さらに，所有者が正当な理由なく「指示」に従わない場合は，その旨を公表することもできるのです（**同12条**）。

また，上記に該当しないものの，いわばBランクに相当する，用途や規模から耐震改修の必要性が高い特定既存耐震不適格建築物，通行障害建築物についても，耐震診断の実施と報告，耐震改修の努力義務が課されています（**同14条**）。耐震診断結果の報告義務とそれ自体の公表は規定されていませんが，必要な耐震改修が行われていないと認められるときは，所管行政庁において必要な指導・助言，指示，そして，指示に従わない場合はその旨の公表などを行うことができることになっています（**同15条**）。

耐震診断の義務化と結果の公表は，今回の大きな改正のポイントの一つです。特に，民間の公共建物については，利用者の安全確保と信用がビジネスの大前提となっているため，耐震性が劣っていることの公表は，耐震改修の実施に向けた強い圧力として作用すると考えられます。

つまり，旧法の単なる努力義務から，耐震診断を義務付けられるに至り，公表という一種の制裁を伴って，その先にある耐震補強についても事実上行わざるを得なくなったという意味で，従来の促進法を強く前進させたものと評価できます。

緊急輸送道路・避難路等の確保

　旧法でも幹線道路の沿道建物は耐震改修促進の対象となっていましたが，東日本大震災（東北地方太平洋沖地震）の経験を経て，緊急車両の通行や避難路の確保の重要性が再認識されました。

　幹線道路に面する通行障害既存耐震不適格建築物は，耐震診断と結果の報告の義務を負う前述のＡランクに相当します。（同7条2号，3号）。従来，強く耐震化促進を図る対象にはなっていなかった分譲マンションや個人の住宅も，道路との位置関係によってこれに含まれます。分譲マンションには，区分所有独特の問題があり，耐震化のハードルが高くなっていますが，そのハードルを下げるための措置も今回の法改正には盛り込まれています。詳しくはQ8で説明します。

　先行して条例で特定緊急輸送道路を指定し，耐震改修を進めている東京都では，診断・改修費用に多額の補助を行うことで，急速に耐震化の実績を挙げています。

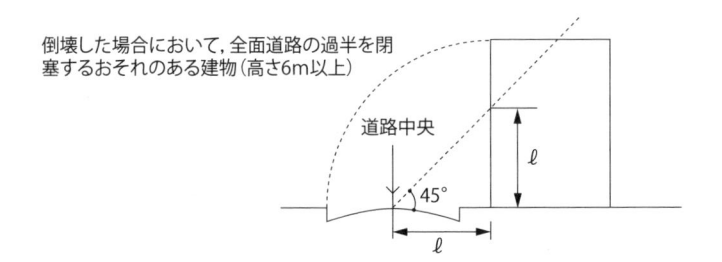

倒壊した場合において，全面道路の過半を閉塞するおそれのある建物（高さ6m以上）
道路中央
45°
ℓ

促進法の「アメ」と「ムチ」

　改正促進法は，耐震診断と耐震改修の努力義務の対象を，上記以外のすべての既存耐震不適格建築物の所有者に拡大しました（**促進法16条**）。

　促進法は，改正以前より「アメとムチ」の法律であるといわれています。改正は前述の耐震診断義務化など「ムチ」の部分が注目されていますが，戸建住宅など多くの建物は義務は努力義務にとどまりますので，むしろ助成・融資制度，税制優遇などの「アメ」の部分が拡充されたといえます。

　特に，国が重点的に支援する仕組みが創設されることが重要です。通常，経済的支援にかかる財源は，国と地方公共団体の双方から支出されますが，

国の負担割合を上げ，国家予算の中で耐震化の助成費用の多くが確保されるようになりました。また，仮に地方公共団体が助成制度を持たない場合でも，国が直接支援する仕組みを整えました。

また，改正に合わせて，住宅の耐震改修を行った場合の所得税控除枠の拡大（平成29年度末まで）や，住宅の固定資産税の減額期間を平成27年末までの耐震改修工事に延長すること，住宅以外の建物に関する法人税，所得税，固定資産税の減額などの措置が取られています。

行政庁の役割と法令の実効性

行政庁には，「耐震改修」に関し必要な指導・助言，指示を行う権限が付与されており，また，その権限を適切に行使するため必要な調査・検査の権限も付与されています（**促進法13条他**）。また，促進法に基づく行政庁の権限は「耐震改修」に関するものですが，建築基準法に基づく特定行政庁の是正に関する措置との連係も可能と思われます。すなわち，耐震診断の結果，倒壊等の危険性が高いなど，保安上危険な建築物と認められる場合には，特定行政庁は，建築基準法に基づく是正命令権限をもって所有者に対し何らかの措置を命じることができ（**建築基準法10条**），最終手段としては，除却・撤去を代わりに執行することができると考えられます（**建築基準法10条4項，9条12項**）。

建築基準法に基づく是正命令などは，私的財産権の強い制約になることから，実際に行使されることは極めてまれであり，また，促進法と建築基準法が直接連動することは予定されていませんが，とはいえ，最終的手段としての強制力を有する行政が必要な指導・助言を行う点は，少なからず意味があると思われます。

期待される耐震補強方法の多様化

改正促進法は，従来は明記していなかった「減築」を耐震改修の定義（**促進法2条2項**）に加えるなど，より柔軟な補強の方法を指向しており，それらを告示などにも反映していくことが予定されています。特に，減築は，戸建住宅に関しては少子高齢化や核家族化に対応するものであり，選択肢の多様化として捉えるべきです。

法改正による耐震改修需要の高まりにより，更なる技術の向上や資材の開発，コストの低減が期待されます。

区分所有の問題点

Q8：分譲マンションでも耐震改修はできますか？

A 分譲マンションの構造体は共用部分であり，専有部分の面積の割合に応じた区分所有者全員の共有となっている関係上，共用部分の「変更」に当たる耐震改修を行うためには，区分所有者の集会における決議が必要となります。

この点，促進法改正により決議要件が緩和され，分譲マンションの耐震改修は，区分所有者及び議決権の各過半数による普通決議で実施できるようになりました。ただし，専有部分の使用に特別の影響を及ぼす場合は，その専有部分の所有者の承諾が必要となります。

なお，分譲マンションの法的問題については，第5章で説明します。

いわゆる分譲マンションは，区分所有法の規定により，構造上・利用上の独立性を有する各住戸（専有部分）について各所有者が独立の所有権を有し（**区分所有法1条**），それ以外の部分については区分所有者全員が，専有部分の面積の割合に応じて共有するという法律関係になっています（**同11条1項，14条1項**）。そして，専有部分と共用部分の区分は，マンション管理組合が定める管理規約に規定されていますが，通常，構造体である躯体や外部に面した建具は，住戸区画内に位置していても共用部分と定められています。

そして，構造体について軽微とはいえない変更を行う耐震改修は，共用部分の重大な変更に当たると解釈されています（国土交通省「マンション耐震化マニュアル」（平成22年改訂）第4章参照）。

共用部分に重大な変更を行う場合，従来は，区分所有者及び議決権の各4分の3以上の特別多数決議が必要とされていました（**区分所有法17条**）が，促進法改正により，「耐震改修を行う必要がある旨の認定」を受けることによって，過半数による普通決議で耐震改修を行うことができるようになりました（**促進法25条**）。

マンションにおける意思統一の難しさ

兵庫県南部地震では，被災したマンションについて，区分所有者である

住民同士の話し合いにより，建替えか修繕かを決定することの難しさが注目されました。こうした問題の発生を受けて，区分所有法の平成14年改正により，建替えに必要な決議要件が全員一致から区分所有者及び議決権の各5分の4以上に緩和された経緯があります（**区分所有法62条**）。また，東北地方太平洋沖地震後の区分所有法・被災マンション法（**被災区分所有建物の再建等に関する特別措置法**）の改正により，再建だけでなく，被災マンションの取壊しや敷地の売却なども，同様に5分の4以上の決議要件で可能になりました。

それでも，仮に大地震で被災し，マンションに重大な損害が生じた場合に，5分の4以上の賛同を集め，建替えを行うのは容易ではありません。また，建替えまでは要せず，修繕だけで当該マンションを使用することが可能な状況であったとしても，変更を伴う修繕を行うには，従来どおり4分の3以上の決議要件を満たす必要があります（**第5章Q54**）。

つまり，事前に耐震改修を行っておくことは，大地震時における重大な損傷を防ぎ，各住民の生命・身体・財産を守る上で非常に重要であるだけでなく，過半数による普通決議にて行うことができる点で，上記の面倒な建替えや修繕の手続を避け，被災後の生活再建を行う上で非常に有益なものといえます。

もっとも，平常時，区分所有者相互間では，地震に対する危機感には大きな差があると考えられます。そのため，費用と手間をかけ，工事による不自由を甘受してまで耐震改修に踏み切るまで，多数の住民が問題意識を共有することは簡単ではありません。

こうした中で，促進法が改正され，経済的支援が拡充されたり，「通行障害既存耐震不適格建築物」に当たる沿道のマンションからでも耐震改修が義務化されるなど，耐震化が注目され，耐震改修の機運が高まっていくのは，住民の意識改革を図る効果があると期待されます。

第1章:大地震,起きたらどうなる?

資格要件と認定手続

Q9:耐震診断や耐震改修は信頼できますか?

A 促進法に基づく耐震診断を行うことができるのは,原則として,診断対象となる建築物と同等の規模・構造の新築などについて,設計・工事監理をすることができる一級建築士,二級建築士または木造建築士で,かつ,構造種別ごとの耐震診断に関する登録資格者講習を修了した者に限定されます。

また,促進法が定める「計画の認定」,「建築物の地震に対する安全性に係る認定」,「区分所有建築物の耐震改修の必要性に係る認定」に際して,行政庁などの一応の審査が予定されています。

耐震診断や耐震改修は,構造という建物の最も基本的な安全性に関するものを対象とするものであり,多額の費用を要するので,技術的に信頼できる者に依頼したいと考えるのは当然です。しかし,新築に比べて,誰に頼んだらよいのかが一般人にはわかりにくいことは否定できません。

そこで,促進法では,報告が義務付けられる耐震診断(**促進法7条**)を行う者について資格要件を規定し,建築士法3条,3条の2,3条の3に定める建築士で,登録資格者講習を終了した「耐震診断資格者」に行わせるものとしています(**促進法施行規則5条**)。

また,耐震改修の「計画の認定」(**促進法17条**,耐震改修の計画が建築基準法6条1項の確認を要するものであり,耐震関係規定以外について引き続き既存不適格としての扱いを受ける必要があるもの),「建築物の地震に対する安全性に係る認定」(**促進法22条**,「基準適合建築物」マークを表示するもの),「区分所有建築物の耐震改修の必要性に係る認定」(**促進法25条**,決議要件の緩和を受けるもの)に際して,耐震診断や耐震改修の計画について,行政庁による一応の審査が行われます。

また,適切な制度運営には,情報の提供が重要です。

促進法では,耐震診断・耐震改修の実施を支援することを目的として,「耐震改修支援センター」を設置することとされており(**同32条以下**),現在は,一般財団法人日本建築防災協会が指定機関として,耐震診断・耐震改修に関する情報の収集・提供,調査・研究などを行っています。

もっとも，現在は，耐震改修計画の認定や補助金の申請手続など，所管行政庁ごとに独自の取扱いが行われており，所管行政庁ごとに情報を収集しなければならないのが実情です。

仮に，不正が行われた場合

　耐震診断・耐震改修には，助成金などの経済的支援が伴いますので，適切な耐震診断や耐震改修を行わずに助成金や業務報酬を受けるなど不正の横行も予想されるところです。

　すでに，公立学校の耐震診断を受注した設計事務所が，構造計算を行わずに書類をねつ造し，第三者機関の判定通知書を偽造するという事件まで発生しています。

　不正行為に対しては，促進法43条以下により100万円以下の罰金が科せられ得るほか，建築士法に基づく建築士と建築士事務所に対する行政処分，建築士に対する有印私文書偽造罪や詐欺罪での刑事告訴，債務不履行に基づく損害賠償請求という，多方面から法的責任追及が当然に予想されます。

　制度の信用性を失わないよう，厳しい対処が期待されます。

促進法改正の影響？

Q10：促進法の改正で，建物所有者等の責任問題に影響は生じますか？

A 改正促進法は，建物所有者に対し直接，耐震改修の義務を負わせるものではありません。しかし，現段階で明確な予測はできませんが，将来において，間接的ながら，所有者，設計者，施工会社等の責任が厳格化するなどの影響が生じる可能性が考えられます。

耐震性不足に対する社会の視線が厳しくなる

平成17年に発覚した耐震偽装事件は，それまで一般には知られていなかった構造計算書の存在を世に知らしめ，建物の構造上の安全性について世間の注目を集めるきっかけになりました。その結果，建築基準法が改正され，構造審査がより厳格になった上，構造上の安全性に対する人々の意識が高まり，建物に期待される安全性のレベルも高くなったと考えられます。

そうした状況の中で，促進法改正によって，すべての建物所有者が耐震補強や耐震改修と無縁ではなくなる上，公共性の高い大規模建物については，その耐震性の有無と程度が公表によって明らかにされるようになります。例えば，自分が普段利用している駅やデパートの耐震性についても知ることができるようになるため，誰もが強い興味を持つことになります。そのため，人々の耐震性に関する意識がさらに高まり，耐震性不足に対する社会の視線が厳しくなることが予想されます。

公共性の高い大規模建築物の所有者は 耐震改修を行うか否かの判断を迫られる

今までは，建物所有者が耐震診断も耐震改修も行わずに建物を放置していたとしても，何か具体的な問題が生じることはあまり想定できませんでした。建築主事を置く特定行政庁は，建築基準関係法令に適合しない建築物について是正や除却を命ずる権限を持っていますが，是正や撤去を命令されなければ，建築物は一応存続することができますし，そもそも既存不適格というだけでは違法とはされず，是正の対象にはなりません。

しかし，促進法の改正によって，公共性の高い大規模建築物については，

耐震性不足の事実が公表されますので，不動産の価値や営業上の評価にも影響が出るでしょうし，社会の批判的な目にさらされやすくなるといえます。そのため，耐震性が著しく不足する場合に建物を放置することによる不利益が生じる可能性は否定できず，所有者は，事実上耐震改修を行うか否かの決断を迫られることになるといえます。

建物所有者等の責任が厳格化する可能性がある

仮に地震で建物が倒壊した場合に，建物所有者が損害賠償義務を負うかどうかは，耐震補強の動機となり得る非常に重要な問題です。

一般に，社会における安全性や品質に関する意識の向上は，安全性や品質確保に関わる者の責任を押し上げる方向に働きます。耐震偽装事件をきっかけとし，構造上の安全性に関する社会の意識が高まった結果，近年，構造に関する法令や技術的基準の適用が厳格化され，それに伴って，設計者や施工者等の専門家が期待される業務水準が上がり，以前より厳しい目で責任の有無・程度が判断される傾向にあることを実感しています。

例えば，東北地方太平洋沖地震（東日本大震災）においてスーパーの駐車場のスロープが落下し，多数の死傷者が発生した事故では，構造計算や設計監理を行った建築士4人について，刑事責任が問題となるという事態になりました。

新聞報道によると，捜査機関が認定したスロープ落下の原因は，建築確認後の設計変更によって建物本体とスロープ部分に構造的な差異が生じたため，地震の際の揺れ方に違いが生じ，接合部が破断したとのことです。その結果，業務上過失致死傷罪で設計変更に関与した構造設計者が起訴され，工事を統括した設計監理者などが書類送検されたということです。

従来，大地震などの自然災害をきっかけとして生じた事故は，不可抗力を考慮して責任を限定的に考える傾向にあったと思います。また，そもそも建築基準法上違法ではない既存不適格建築物については，建築当時の基準に合致している以上，所有者は責任を負わないと考えられてきました。しかし，改正促進法によって，耐震性という安全に関する社会の意識が向上することで，耐震性に関する設計者・施工者，そして所有者の責任は，現在よりもより厳しく問われることになる可能性があると思われます。

例えば，公共性の高い大規模建物に関しては，耐震改修を行うときにさまざまな経済的支援措置が予定されており，耐震改修を行う経済的ハード

ルは相当に低下します。そのため，従来は，瑕疵がなければ責任を問われなかった既存不適格建築物についても，利用者の生命等に生じ得る重大な危険を予見し，経済的支援を用いた耐震改修により，危険を回避することが可能であったにもかかわらず，漫然とそれを放置したなどとして，所有者の責任が認められるケースが出てくるのではないでしょうか。

この点については，注意深く動向を見ていきたいと思います。

建物の構造体以外の安全性が問題になる可能性がある

促進法は，建物の構造体に関する耐震性を対象とした法律ですが，耐震性の対する社会の意識の向上や耐震診断，耐震改修の普及を通じて，構造体以外の安全性にも目が向けられ，所有者・占有者に期待される維持管理のレベルが向上し，責任の範囲が拡大する可能性も考えられます。

例えば，東北地方太平洋沖地震においても，天井の落下により複数の死傷者が出たことを受けて，建築基準法施行令，同告示が改正され，新たに天井脱落防止の基準が設けられました（**平成26年4月1日施行**）。改正後の基準は既存の建物には適用されませんが，早急に改善すべき用途の建物については，改修を行政指導されることになっています。また，今後の新築・増築・大規模修繕などに対しては，対象となる天井には新たな基準が適用される一方，対象外の天井に関しては，設計者判断で安全性を確保することが求められます。

これらの改正により，地震ですでに発生した事故に関する損害賠償請求や設計者の刑事責任に影響が及ぶものではありませんが，今後，天井や設備配管の設置などの非構造部材についても，より広く責任を問われることになる可能性があると考えられます。

03 | 地震被害でも生じ得る責任

第三者の被災

**Q11：地震時にテナントビルが一部倒壊して買い物客が
ケガをした場合，テナントは買い物客に対して
損害賠償義務を負いますか？**

A　テナントビルに瑕疵があり，瑕疵が原因で倒壊したという関係にあれば，ビルの占有者であるテナントか，ビル所有者が損害賠償義務を負う，工作物責任が発生します。もっとも一般的には，テナントの責任は否定され，ビルの所有者が責任を負う可能性の方が高いといえるでしょう。

例えば，次のようなケースを考えてみましょう。
　震度5強の地震があり，周辺の建物に被害はほとんどありませんでしたが，Aが所有するテナントビルが一部倒壊して，テナントBで買い物をしていた客Cがケガをしました。
　テナントBは，ただ店を借りて営業していただけですが，ケガをした客Cに対し，損害賠償義務を負うのでしょうか。

　ビルが新耐震建築物である場合，本来，震度6強〜7クラスの大地震でも倒壊しない耐震性能が求められています。それなのに，テナントビルは震度5強で一部倒壊しているので，ビルに，耐震性能不足という瑕疵があった可能性が高いといえるでしょう。
　一方，ビルが，新耐震基準以前に建築されたものである場合でも，既存不適格建築物であること自体は瑕疵ではありませんが，周辺の建物に被害がないのに当該ビルのみが倒壊という激しい被害を受けていることから，瑕疵の存在が疑われます。
　もっとも，テナントBが自ら耐震性を損なうような建物の改修などを行っておらず，通常の管理をしていたのであれば，賃借人にできる範囲の「必要な注意をした」といえ，Bは責任を免れ，最終的には，テナントビルの所有者Aが，工作物責任を負う可能性が高いという結論になると思われます（**第1章Q1参照**）。

賃借人の被災

Q12：地震時に賃貸マンションが半壊して入居者が ケガをした場合，賃主であるマンションの所有者は 入居者に対して責任を負いますか？

A　マンションの所有者は，建物が建築当時の耐震性の基準に合致していれば，工作物責任を負うものではありませんが，賃貸借契約において，特に高い耐震性を約束していた場合，その約束したレベルに達していなければ，契約に基づく債務不履行責任を負う場合も考えられます。

例えば，次のようなケースを考えてみましょう。

震度7の地震があり，新築の賃貸マンションが半壊して，入居者Bがケガをしました。マンションの所有者であり賃貸人であるAは，Bに対し，損害賠償義務を負うのでしょうか。

Q11で検討したとおり，マンションに設置または保存の瑕疵がなく，地震によって倒壊したのであれば，所有者は工作物責任を負わないという結論になります。

そして，工作物責任が認められない場合は，より要件が厳しい（過失が必要となる）賃貸人の債務不履行責任が認められることも，通常はないと考えられます。

もっとも，契約で特に高い耐震性を約束していた場合には，「通常」有すべき耐震性があっても不十分であり，その結果として，建物が倒壊したのであれば，この約束に違反したことによる債務不履行責任が，別途，認められるという結論があり得ます。

契約で合意したレベルでの安全性とは？

マンション賃貸借契約では，目的物であるマンションについてさまざまな合意がなされていると考えられますが，耐震性も合意内容の一つに含まれる場合があります。もっとも，通常の居住用の賃貸借契約であれば，その契約書において，一定の耐震性の保証が明記されていることは，現実に多くはないと思います。このような場合には，契約の周辺事実から，契約時に当事者がどう考えていたか？（当事者の意思）を，合理的に解釈して

判断することになります。

　例えば，
　「築浅，ハイグレード・マンション，住宅性能表示・耐震等級3（最高ランク）」
などという募集チラシを見て，借り手が契約を申し込んで契約した場合には，契約の当事者間で，耐震性能に優れた（少なくとも新耐震建築物以上の耐震性をもった）物件を賃貸借するとの合意があったと推察されます。
　仮に，建物自体は建築当時の耐震基準に合致しており，工作物責任における瑕疵が認められないとしても，契約時に耐震性を重視しており，その期待された耐震性より劣っていた場合，そして，そのことにより損害が生じた場合には，債務不履行を問われる可能性が生じることになります。
　一方，募集チラシが，
　「内装リフォーム済（築30年），駅近，格安」
などという内容であった場合，一般的には，契約の当事者間において高い耐震性は意識されないと推察され，築30年なりの旧耐震基準に従った耐震性があれば，当事者の意思には反しないであろう，つまり債務不履行はないという結論になることが考えられます。

特に高い耐震性を保証した賃貸借契約の場合

　債務不履行責任を考える場合，建物に必要な耐震性のレベルは，社会通念だけではなく当事者間の合意が重視され，それに基づいて賃貸人の責任が発生する可能性がある点に特徴があります。
　そのため，当事者間で特に高い耐震性を合意していた場合（耐震等級による割増など），所有者として工作物責任は負わないけれども賃貸人として債務不履行責任を負う，という結論もあり得ます。
　高度な耐震性を約束した場合，ある程度大きな規模の地震に対しても耐えられる状態でなければなりません。また，このような約束をした賃貸人は，約束した耐震性の確保について慎重であるべきであり，より高い注意義務が課されるものと考えられるのです。
　企業活動の拠点となる事業所やデータセンター，公共性の高い施設など，特に高い耐震性を前提として締結される賃貸借契約は増加傾向にあり，賃貸人の責任が問われる場面も，今後，少なくないと思われます。

〈工作物責任と債務不履行責任の発生レベルの関係（イメージ図）〉

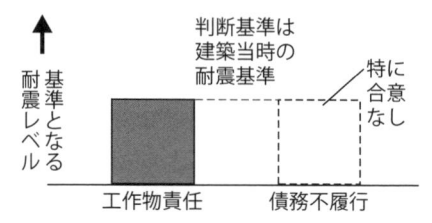

〈既存不適格建築物〉

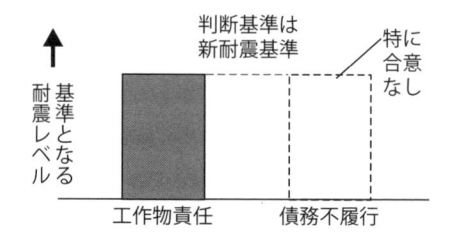

判断基準は建築当時の耐震基準／特に合意なし
（縦軸：基準となる耐震レベル、横軸：工作物責任／債務不履行）

〈新耐震建築物〉

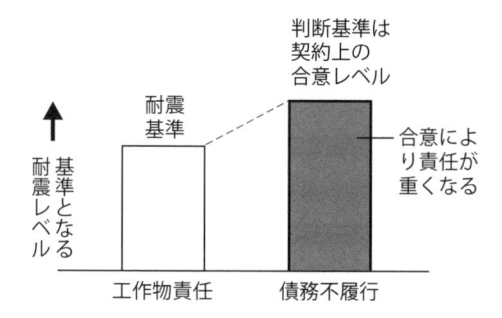

判断基準は新耐震基準／特に合意なし
（縦軸：基準となる耐震レベル、横軸：工作物責任／債務不履行）

〈高い耐震性の合意〉

判断基準は契約上の合意レベル／耐震基準／合意により責任が重くなる
（縦軸：基準となる耐震レベル、横軸：工作物責任／債務不履行）

Q13：地震時に借りていた事業所が半壊して従業員が ケガをした場合，会社は従業員に対して責任を負いますか？

A 会社が従業員に対して，負担することがある損害賠償責任として考えられるのは，土地工作物責任と雇用契約上の安全配慮義務違反に基づく責任といえます。

ここでは，事務所を借りていた建物の瑕疵の有無，瑕疵の内容，瑕疵によって顕在化する危険性の程度，それに対する認識可能性，採り得た措置などが考慮され，責任の成否が定まってくるものと考えられます。

例えば，次のようなケースを考えてみましょう。

震度5強の地震があり，借りていた築50年の倉庫が半壊して，従業員がケガをしてしまいました。倉庫は，明らかに違法増改築を繰り返していたようなツギハギだらけの建物でしたが，会社は増改築には関与しておらず，通常の程度の管理をしていました。

会社は，従業員Bに対し，損害賠償義務を負うでしょうか。

本件の倉庫には瑕疵がありますが，工作物の占有者である会社は賃借人として通常の管理を行っていましたので，会社ではなく所有者が工作物責任を負うべきケースであると考えられます。

もっとも，所有者に損害賠償をするだけの十分な資力があるとは限りません。そこで，そのような危険な建物を借りて従業員を働かせていた会社の雇用者としての責任についても，考えてみる必要があると思われます。

雇用契約に基づく安全配慮義務

会社は，従業員との雇用契約に基づき，従業員に対する「安全配慮義務」を負うと考えられています。

安全配慮義務とは，使用者が，被用者の生命及び健康等を危険から保護するよう配慮すべき義務であり（**最高裁昭和50年2月25日判決**），契約関係に付随して相手方に対して負う信義則上の義務であるといわれています。雇用契約における雇用者の本質的な義務は，労働の対価として賃金を支払うことですが，それだけではなく，雇用者・被用者という関係性から，雇

用者は，従業員の業務に際し，従業員の生命および健康などを危険から保護するよう配慮しなければならない，と考えられています。

そして，雇用者が安全配慮義務を欠いたことによって，従業員の生命・身体に損害が発生し，雇用者に義務違反について過失がある場合には，雇用者は，従業員に対し損害賠償義務を負うことになります。

例えば，働いていた建物が原因で従業員が死亡し，会社の安全配慮義務違反が認められた裁判例としては，病院の消防設備に不備があり，火災で看護師が死亡した事案（東京地裁昭和59年6月26日判決），ボイラー室の粉じん対策が不十分で従業員が中皮腫により死亡した事案（札幌高裁平成20年8月29日判決）などがあります。

違法建築物での業務は，従業員の保護を欠くか？

Q2で検討したように，違法建築物や設計・施工にミス・手抜きがあるなどの瑕疵がある建物は，建物として通常備えるべき安全性を有しません。そのため，その瑕疵の内容，瑕疵によって顕在化する危険の程度などによっては，従業員の保護に欠くものと評価できる場合があるものと考えられます。

もっとも，安全配慮義務違反が認められるためには，雇用者に過失があることが必要となります。例えば，違法な増築や改修を行った建物であることが明らかな場合など，その危険性を認識可能であった場合などです。

既存不適格建築物での業務は，従業員の保護を欠くか？

安全配慮義務は雇用契約の付随的義務であり，明確に契約で内容が合意されることはあまりありません。そのため，従業員に対して行うべき保護のレベルは，社会通念（「通常備えるべき安全性」）から判断することになります。

そして，Q2で検討したように，既存不適格建築物は，その存在が社会通念上許容されていると考えられ，そこでの業務も，一般的に行われている状況にあります。

したがって，単に既存不適格建築物内での業務が，直ちに従業員の保護を欠き，安全配慮義務に反するということにはならないと考えられます。

会社が従業員に対し，安全配慮義務違反に基づき損害賠償責任を負うのは，どのような場合か？

　本件の倉庫は，違法増改築を繰り返した瑕疵のある建物であり，このような場合には，通常備えるべき耐震性を欠いている場合が多いものと考えられます。耐震性の欠落レベルにもよりますが，通常想定され得る震度5弱程度の地震に対する安全性さえ保証できないレベルに至っていたのであれば，本件の倉庫は具体的な危険性のある状態と評価されるべきといえるでしょう。会社において，このような危険な建物であることが認識可能であったにもかかわらず，賃貸人に対する改善要請や従業員への安全確保措置などを講じていなかったということであれば，会社は安全配慮義務違反に基づき損害賠償義務を負う可能性があると考えられます。

従業員に特別な保護を必要とする事情があった場合

　前述したように，通常，従業員の保護のレベルは社会通念から判断されますが，安全配慮義務が会社と従業員との契約関係に基づく責任判断であることから，Q12の「特に高い耐震性を保証した賃貸借契約」と同様に，会社や従業員の個別具体的な事情は，従業員に対する保護のレベルに反映される場合があると考えられます。

　具体的には，従業員が高齢であるとか，心身に障害があるなど，災害時の対応や避難が通常より困難である場合，かつ，そのような状況を前提として雇用契約を締結した場合，会社は，その者の安全に通常より高い配慮を行う義務を負うものと考えられます。

　例えば，非常ベルが聞こえない聴覚障害者に対しては，聴覚障害用の火災報知器の設置などの物的な配慮や，単独で作業させないなどの人的な配慮が必要であり，それを怠ったことで火災時に逃げ遅れて死亡した場合，会社の安全配慮義務違反が問われ得ると思われます。

　地震時の対策に関していえば，避難路の確保や什器の転倒，備品の落下などの危険性に対しては，一定の配慮が求められるものと考えます。

工作物の瑕疵の判断基準

Q14：地震時に古くからある擁壁が崩落して通行人が　　　　ケガをした場合，土地の所有者は責任を負いますか？

　A　土地の所有者は，擁壁の所有者でもある場合がほとんどであるといえます。そして，擁壁が設置または保存の瑕疵によって崩落したといえる場合には，擁壁の所有者として，工作物責任に基づく損害賠償義務を負うと考えられます。
　地震時に崩落した場合における擁壁の瑕疵の有無の判断については，法令や技術的基準を基礎として，遭遇した地震の程度，周囲の被害との比較などを斟酌して判断されることになると考えられます。

例えば，次のようなケースを考えてみましょう。
　Aは擁壁によって盛土した古くからの造成地を更地で買い，家を建てました。その後，震度5強の地震があり，前の持ち主が作った1.8mの擁壁が崩落し，近所の子供Bがケガをしてしまいました。擁壁は，高さ1m弱の擁壁を二段に積み増しした工作物でした。
　Aは子供Bに対し，損害賠償義務を負うでしょうか。

　擁壁は土地の工作物であり，土地の所有者が所有しているのが一般的ですので，擁壁に瑕疵があり，地震を契機として瑕疵によって擁壁が崩落した関係にあれば，土地の所有者は，工作物責任を負うという結論になります。工作物責任は無過失責任ですので，「前の持ち主が作ったので，危険であることを知らなかった。」＝過失がないとして，責任を免れることはできません。

　そして，擁壁の瑕疵の判断については，築造時の基準（法的基準，または技術的基準）を基礎として地震の程度，周囲の被害との比較などを斟酌して，判断されることになると考えられます（ブロック塀について同様の考え方を示し，宮城県沖地震でのブロック塀倒壊にかかる工作物責任を否定した裁判例があります（**仙台地裁昭和56年5月8日判決**））。
　もっとも，擁壁の瑕疵判断に用いるべき法的・技術的基準は，高さ2m以下のものについて明確ではないという問題があります。

擁壁が「通常備えているべき安全性」とは？

　平成12年以降に築造された2m超の擁壁については，建築基準法88条，同施行令138条，142条，平成12年建設省告示1449号に基づき，宅造規制法施行令7条の規定によることとされ，構造計算による安全確認（または標準構造図の仕様によること）が求められています。その考え方の基本となっているのは，宅造規制法施行令に基づく国土交通省『宅地防災マニュアル』の「耐震対策の基本目標」にある，

　　中地震　…　宅地の機能に重大な支障が生じないこと
　　大地震　…　人命および宅地の存続に重大な影響を与えないこと

であり，これは建築物の新耐震基準に沿ったものといえるでしょう。

　もっとも，平成12年以前の建築基準法施行令には，現在のような具体的基準が記載されておらず，宅造規制区域外の擁壁の安全性の基準は，特定行政庁などの判断に委ねられていたと考えられます。

　また，高さ2m以下の擁壁は，原則として，建築確認等の手続を経る必要がなく，設計者による，建築基準法19条4項の敷地の安全性の一要素としての安全性の確認によって築造されています。現実には，基準の適用や安全性の確認が不明確なものが多数みられます。

　昭和53年の宮城県沖地震における擁壁の損傷などから，売主の瑕疵担保責任が問題となった裁判例（仙台高裁平成12年10月25日判決）は，「購入当時，それまでに本件各宅地及びその周辺の当該地域で発生した地震の回数，頻度，震度等からみて，将来，当該地域で通常発生することが経験的に予測できる程度の強さの地震について，買主の購入の際の合理的意思に反しない程度の強さの地震に対しては，これに耐え得る程度の耐震性を備えていることが要求されるとみるべきである。」と述べています。

　なお，この裁判例は結論として，過去では仙台市において震度5程度の地震が10年に1回程度発生している事実を挙げ，擁壁が震度5で損傷したことなどを理由に瑕疵を認めていますが，本件の造成が新耐震基準以前の昭和40年代半ばになされたものであることから，震度5を基準とすることには注意が必要です。

　また，建物の瑕疵判断と同様に，近隣の同規模の擁壁において同様の被害が生じているか否かも，瑕疵判断の要素となり得ると考えます。

明らかに瑕疵があると認められる擁壁

　古い擁壁や築年数がわからない擁壁も，外観から把握できる擁壁の形状や状態から，明らかに危険な擁壁を見分けることは可能であるといわれています。例えば，横浜市や福岡市などでは，確認申請において既存擁壁の安全性を証明する方法として，外観目視によるチェックシートを用いています。これによって，危険な擁壁の典型例である増し積み擁壁，二段擁壁，空石積み擁壁，コンクリートブロック積み擁壁は，その形式自体から瑕疵がある可能性が高いと評価されています。

　また，水抜き穴が適切に施工されていない場合，擁壁本体にズレやクラックが生じている場合，間知石積みなどで擁壁表面に「ふくらみ」が見られる場合などには，安全性に問題がある可能性があるといえるでしょう。

住宅地の所有者Aは工作物責任を負うか？

　本件では，擁壁の高さが2m以下ですが，危険な擁壁の典型例の一つである二段擁壁であったこと，震度5強で崩落に至っていることは，擁壁の瑕疵を判断する上で重要な要素といえます。瑕疵が原因で死亡事故が発生したのであれば，所有者Aは，工作物責任に基づく損害賠償義務を負うと考えられます。

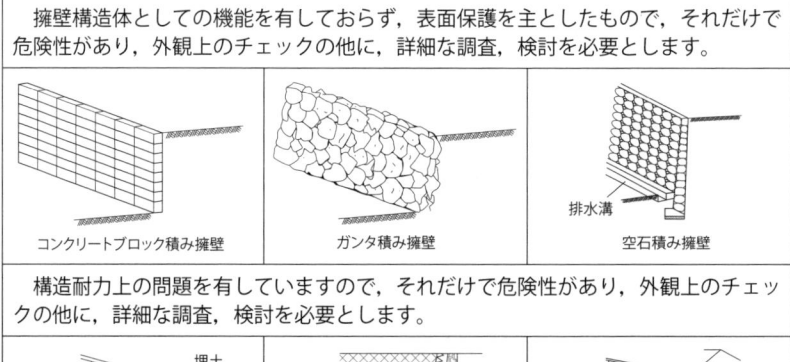

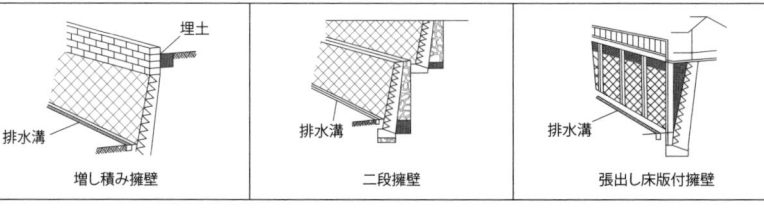

擁壁構造体としての機能を有しておらず，表面保護を主としたもので，それだけで危険性があり，外観上のチェックの他に，詳細な調査，検討を必要とします。		
コンクリートブロック積み擁壁	ガンタ積み擁壁	空石積み擁壁
構造耐力上の問題を有していますので，それだけで危険性があり，外観上のチェックの他に，詳細な調査，検討を必要とします。		
増し積み擁壁	二段擁壁	張出し床版付擁壁

横浜市がけ関係小規模建築物技術指針―がけ上編―「既存擁壁外観チェックシート」より抜粋

第2章

設計者が果たすべき「法令遵守」と「説明義務」

設計者は，法令を遵守しつつ
施主の要望する建物を実現しなければなりません。
改修工事と建築基準関係法令の関係，
施主への説明を中心に，
設計者・監理者が注意したい点，
陥りがちなトラブルについて説明します。

01 | 立ちはだかる確認申請の壁

確認申請が必要な工事

Q15：どのような改修工事に確認申請が必要ですか？

A 確認申請が必要な改修工事とは，増築，大規模の修繕，大規模の模様替，特殊建築物に関する用途変更に該当する場合です。

もっとも，耐震改修工事を行うことが大規模の修繕・大規模の模様替に該当する場合で，耐震関係規定以外について現行法に適合しないことがやむを得ないと認められる場合には，耐震改修促進法に基づく耐震改修計画の認定を受けることで，確認申請を取得せずに工事が可能となります。

建築基準法では，建築，増築，大規模の修繕，大規模の模様替（四号建築物は建築，増築のみ。後述），特殊建築物に関する用途変更に該当する工事着手前に，その計画が建築基準関係規定に適合するものであることについて，建築主事等の確認を受け，確認済証の交付を受けなければならないと規定されています（**建築基準法6条1項，87条**）。

確認済証とは，法律の上では「適法に工事を行うことができる」という効力をもつものであり，工事が完了してしまった後には法的効力は消滅するといわれています（**最高裁昭和59年10月26日判決**）。工事完了時点での建物の適法性を担保するのは，完了検査，検査済証の役割ですから，必ず完了検査を受検し，検査済証を取得しておく必要があります。仮に，検査済証が取得されていないと，事後の増築等の確認申請に支障が生じたり（**Q17参照**），建物売買等において適法性を証明できないなどの不利益が生じる場合があります。

意外と知られていない用語の定義

ところで，建築基準法は，時として条文中の用語の定義が私たちの一般的な言葉の意味と異なるために，正確に理解されていないものが見受けられます。確認申請の要否に関する以下の用語も同様です。

建築基準法でいう大規模の修繕は，「建築物の主要構造部の一種以上について行う過半の修繕」ですが，「主要構造部」とは構造耐力上の観点のみならず，防火上の観点から必要な部分を含みます（法は，構造に限定す

る趣旨である「構造耐力上主要な部分」と区別しています。）。そして，「修繕」とは，おおむね同様の形状・寸法・材料により行われる工事であり，過半かどうかは主要構造部の種類区分ごとに判断します。例えば，屋根1/3を葺き替え，防火壁1/3を張り替える場合は，「過半の修繕」に該当しません。

また，大規模の模様替における「模様替」とは，おおむね同様の形状・寸法でありながら，材料・構造種別等は異なるような部分工事を意味するとされています。具体的には，瓦屋根を金属屋根に葺き替える場合などです。

これらは，改修工事における確認申請の要否や，既存不適格建築物に対する現行法の適用の有無という重要な点に関するものでありながら，定義規定（**法2条，施行令2条**）では十分に理解できないものであり，注意が必要です。

耐震改修の認定で足りる場合

耐震改修を行うに当たり，工事が大規模の修繕に当たる規模になることは少なくないと思われます。ところが，大規模の修繕を行う場合，Q16で述べるように既存不適格建築物に現行法が適用され，建築基準法上は，構造体以外の部分の適法化工事も行わなければならないことになります。耐震改修もその他の適法化工事も多額の工事費がかかりますので，法制度上，これらの工事を必ず同時に行わなければならないとなると，耐震改修の促進を阻害するということにもなりかねません。

そこで，促進法は，耐震関係規定以外について不適合となることが「やむを得ないと認められる」耐震改修工事については，耐震改修計画の認定を受けることで「確認済証の交付があったものとみなす」と定めています（**促進法17条**）。

この場合，自治体ごとの条例に基づく手続により認定手続や完了検査が行われ，最終的に改修済証が交付されます。これは，耐震性に関し現行法の水準にあることを示すものと評価できます。

既存不適格建築物の限界

Q16：どのような場合に、既存建物に現行法が適用されるのですか？

A 既存不適格建築物に現行法が適用されるようになるのは、原則として、増築、大規模の修繕、大規模の模様替、特殊建築物に関する用途変更に当たる工事を行う場合です。

四号建築物においては、防火・準防火地域外における 10m² 以内の増築、大規模の修繕、大規模の模様替に当たる場合でも確認申請が不要とされていますが、現行法の適用が免除されるものではないので、注意が必要です。

既存不適格建築物とは、どのようなものでしょうか？

既存不適格建築物とは、建築基準関係法令（条例を含む）が改正された時点において、すでに存在していたか、着工していた建物・敷地で、改正によって不適合となる規定について、改正法の適用が除外されるものをいいます（**建築基準法3条2項、3項**）。

同条は、非常に回りくどい言い方をした、わかりにくい条文ですが、要は、現行法には適合していないけれども、適合しない理由が着工後の法改正にある場合に、その条項に関しては違法建築物として扱われない建物ということになります。

改正前から違法があった場合は適用除外にはなりませんので、単に違反建築物ということになります（ただし、元々違法な事項が改正により適法になることはあり得ます）。また、適用除外となった規定以外は、当然に改正法が適用されますので、建築当時の旧法を遡って適用し増改築などを行うことはできません。

施行時との関係で基準となるのは、確認済証交付時ではなく着工時である点に、注意が必要です。

「既存不適格建築物」とは、旧耐震基準で建築された建物で、昭和56年改正の新耐震基準の適用が免除されているものという文脈で使用されることが多い文言です。

本書においても、主に、新耐震基準が適用されないものの旧耐震基準に適合する建築物という意味で、用いています。

現行法が適用される場合とは？

　改正法施行後に，増築，大規模の修繕または大規模の模様替，用途変更に該当する工事（以下，「大規模修繕等」といいます。）を行う場合には，工事を行った箇所以外についても改正法が適用されます（**建築基準法3条3項3号，4号**）。大規模な工事を機会に違法な部分を是正させようとするものですが，大規模な工事により建物の寿命（供用期間）が延びる一方で，違法状態が長く続くのは適切ではないため，やむを得ないと考えます。

　したがって，上記工事に際しては，適法化工事を前提としなければ建築確認は取得できないため，検査済証も取得できないのが原則です。

　もっとも，適法化工事の所有者の負担が大きいことに鑑み，一定の要件に該当する場合には一部規定の適用を除外する等の緩和規定が定められています（**同法87条3項**）。

確認申請が不要であるということは，適法化が不要ということではない（四号建築物）

　いわゆる四号建築物とは，特殊建築物に該当しない，木造の2階建以下の建物など一定規模以下の建物（**同法6条1項4号**）で，木造戸建住宅の多くがこれに該当します。

　四号建築物の場合，確認申請が必要なのは増築を含む「建築」のみであり，大規模修繕等に際しては確認申請が不要とされているため，四号建築物に大規模な工事を行う場合には，四号建築物であるがゆえに，既存不適格建築物への現行法の適用がないと誤解されがちです。

　しかし，四号建築物であっても，大規模修善等を行えば，確認申請の要否と無関係に，現行法が適用されます。大規模な工事をきっかけに是正が求められるのは，小規模な建物に対する工事であっても同じなのです。

　したがって，改修工事の設計を行うに当たり，建築主事等に対し判断を仰ぐべきポイントは，確認申請の要否のみではなく，大規模修繕等に該当するか否かである，ということになります。

第2章：設計者が果たすべき「法令遵守」と「説明義務」

既存建物の適法性の立証

Q17：前の工事の検査済証がないと，確認申請はできないのですか？

A 既存部分の適法性が証明できる場合や，既存不適格が証明でき，かつ現行法適用の緩和が認められる場合は，増築，大規模の修繕の確認申請は可能です。また，違法建築物であっても，違法箇所の適法化が可能で，かつ適法化工事を併せて行う場合などには，確認申請が可能な場合があると考えます。

既存部分に関する証明方法や手続については，告示や各行政庁の要綱に従い，建築主事との協議を行うことなどが必要です。

建築確認制度は，通常，既存部分の適法性について，従前の工事に関する確認済証と検査済証によって，一応の担保がされていることを前提としています。

ところが，古い建物の場合，完了検査を受けていなかったり，何らかの事情で確認申請図を含めた確認済証を紛失してしまったりしていることも少なくありません。このような場合，本来は，既存部分についても新築同様の適法性審査を行うべきでしょう。しかし，確認手続が「適法に工事を行うことができる」という効力を生じさせるものであることから，新たに工事を行わない部分について確認申請を求めることには，手続的に整合しませんし，建物の規模や用途によっては，新築同様の審査を行うことは現実的に困難です。他方，確認済証，検査済証のない建物の確認申請を受け付けないとするならば，違法工事を増加させてしまうことにつながる可能性もあるため，かえって制度趣旨に反する結果となってしまいます。

そこで，既存部分の適法性の審査については，残存する情報に応じて，設計者が適法性を確認したことを報告することで足りるとするなどの柔軟な対応がとられているのが実情のようです。

既存不適格調書や既往工事履歴の報告

国土交通省から各特定行政庁および指定確認検査機関の業務に関してなされている通達（平成21年9月1日付国住指2153号）によれば，大規模改修等の確認申請に際して既存不適格建築物に対する現行法の適用の緩和を受けるためには，現地調査に基づく既存不適格調書等の提出により，申請建

物の現況や，建築から現在に至るまでの大規模改修等の内容（既往工事）の履歴について，報告を行う必要があるとされています。

また，緩和規定を受けない（緩和の要件に当たらない）現行法への適合が必要となる工事の場合でも，こうした現況や既往工事履歴を明示することで，既存部分の適法性・是正必要箇所などを証明し，確認申請を行うことができる場合があると考えられます。なお，既往工事履歴の報告に関する具体的な手続きや提出書類などについては，自治体ごとの「取扱い要綱」等により定められており，インターネット上で公開されているものもありますので，建築主事等との協議の際には参考になります。

台帳記載事項証明の有用性

耐震改修を行わずに（耐震性を変えずに）大規模修繕等や増築を行う場合，既存の構造の法適合性または既存不適格性を証明するのに苦労することが多いと思われます。

法適合性または既存不適格性の証明への近道は，「確認済証を取得した事実」とその「時期」の証明です。それによって，申請建物が，新耐震基準により確認済証を取得した新耐震建築物であること，または，旧耐震基準により確認済証を取得した既存不適格建築物であることが，おおむね明らかになるからです（ただし，構造に影響を与える既往工事がなく，確認日と着工日の時間差と施行日との関係を検証する必要はあります。）。

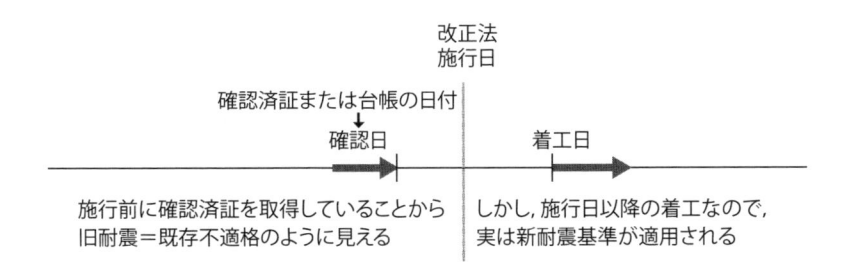

```
                              改正法
                              施行日
              確認済証または台帳の日付
                      ↓
                    確認日                  着工日
    ─────────────────→│←─────────→────────→
    施行前に確認済証を取得していることから   しかし，施行日以降の着工なので，
    旧耐震＝既存不適格のように見える         実は新耐震基準が適用される
```

そして，手元に確認済証が残存していない場合でも，確認済証を取得した事実とその時期を証明することができるのが，行政庁に保管されている「台帳」です。行政庁は，原則として，確認済証や検査済証の交付年月日や番号を台帳に記載して保管しています。そのため，台帳記載事項証明書の発行を受けることによって，確認済証や検査済証を取得したこと，および，その年月日を証明することが可能となります。

工事監理者の役割

Q18：改修工事を行うに際し，工事監理者は，施工により生じた瑕疵や工期遅延の責任を問われますか？

A 建築士法上，工事監理者は，設計が適法であることを前提として，設計図書と施工の同一性を確認する役割が規定されています。

「その施工が，設計図書に合致しているのか」という確認が工事監理者の本来的な役割とすれば，基本的には，工事監理者は，施工上の不具合を事後的に指摘し是正させる義務を負うにとどまり，瑕疵の発生を未然に予防するための施工の指導・監督責任までを当然に負うものではないとも考えられます。ただし，工事監理委託契約に基づき施主に対して負う責任は，個別の契約で定められた監理の方法，回数や内容などによっても異なり，工事監理者の責任範囲を拡げるものもありますので，工事監理委託契約の内容には注意する必要があります。

また，工期遅延に関しては，一次的な責任を負うのは施工会社であり，工事監理者は，原則として，工事監理者の工事監理上の過失によって工程の遅れを生じさせた場合の責任を負うことになります。

工事監理者の公法上の責任

工事監理とは，「その者の責任において，工事を設計図書と照合し，それが設計図書のとおりに実施されているかいないかを確認すること」をいいます（**建築士法2条7項，建築基準法2条11号**）。建築主は，工事を行うに当たり，建築士の資格を持った工事監理者を選定しなければなりませんし（**建築基準法5条の4，4項**），工事監理者が確認した事項は，完了検査の申請に当たって工事監理報告書として添付されます（**同法施行規則4条1項5号**）。

つまり，建築確認制度上，工事監理者に対しては，確認済証によって設計図書（確認申請の副本）の内容の適法性が担保されていることを前提として，実際の建築物（施工）が設計図書と同一であることを確認する義務を課せられているものであり，その結果として，適法な建築物が建築されることが期待されているということになります。

工事監理者が施主に対し負う契約上の責任

　工事監理委託契約に基づき施主に対して負う責任は，個別の契約内容によって異なります。
　ここでは，工事監理者が確認すべき内容の問題として，施工由来の瑕疵と工期遅延に関する責任の有無，また，工事監理の方法（合理的方法による確認）について，契約上の責任を考えてみます。

施工由来の瑕疵に関する責任

　工事監理者の役割は，前述の工事と設計図書の照合および確認を軸とする法令の理解を前提とすると，基本的には，その工事が設計図書のとおりに実施されたかを事後的に確認することであって，工事前や工事中に，不適切な工事をさせないように指導・監督をする責任までも当然に負うものではないと考えられます（それらは，本来，施工管理といわれる工事監督の役割です。）。
　以上の工事監理者の役割を前提とすると，施工者の不適切な工事によって瑕疵が生じ，補修費用相当額が損害として発生した場合でも，これを直ちに工事監理者の責任と判断することには疑問があります。仮に，工事監理者が当該箇所の施工が行われた直後に瑕疵を発見し，完成引渡しまでに補修工事が実施されたならば，工事監理者の役割は果たされたと考えることができ，この場合には工事監理者に責任があると考える方はいないで

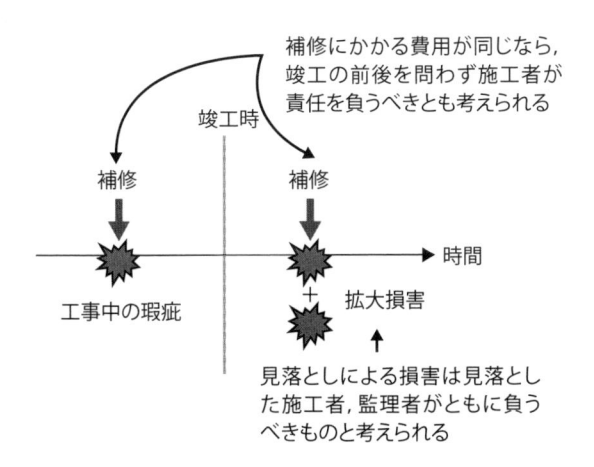

しょう。そうなると，理論的には，補修工事を実施しなければならない状態は，あくまでも施工の不備により生じたものであり，補修費用は施工者が負担すべきものであって，工事監理の適否に関わらないと考えることができるからです。

もっとも，見落としによって損害が拡大した場合には，その拡大した損害については工事監理者の損害賠償義務が，施工者と同様に問題とされるべきでしょう。

工期遅延に関する責任

施主に対し完成・引渡し時期を約束するのも，実際に工程を管理するのも施工者ですので，一次的には工期遅延の責任は，施工者が負うのが原則であると考えられます。

工事監理委託契約においては，「工程に関する確認や指導」を求められる場合があります。この場合の確認や指導は，工事監理者の本来の役割に照らし合わせると，施工者の提示した手順や工程では設計図書に示された品質の建物を施工することが困難である場合に是正するなど，品質管理の観点での確認・指導も期待されていると理解されます。つまり，工事監理者の本来の役割である品質管理と，工期遅延の解消（工程の前倒し）とは時に相反する関係にもなることから，「工程に関する確認や指導」が契約書に記載されているからといって，工事監理者が工期遅延の責任を負うということには必ずしもならないと思われます。

したがって，工期遅延の責任を負うのは原則として施工者であり，工事監理者において工期遅延の責任を問われ得るのは，工事監理者の過失により工程の遅れを生じさせたといい得る場合に限られると考えるのが相当と考えます。例えば，工事監理者において行うべき確認手続上の手続（建築基準法12条5項に基づく施工状況の報告等）が過失によって遅れたことにより，建築主事から工事の停止を指導された場合などです。

もっとも，耐震改修などにおいては，施工中に予想していなかった既存の施工不備が見つかるなどして，設計者・監理者において迅速かつ臨機応変な対応が求められる場合もあると思います。施工者任せにしていると，工事監理委託契約の内容によっては，工期遅延の責任を負う可能性もありますので，注意が必要です。

工事監理の方法

　工事監理者が，施工者の実施する工事のすべてについて逐一確認することは，不可能です（例えば，すべての釘を1本1本確認することなどを想定してください。）。そのため，工事監理者は，工事が設計図書とおりに実施されているか否かを，合理的な方法によって確認すれば足りると理解されています。

　したがって，仮に違法な施工が見過ごされ，違法な建築物が建築された場合に，工事監理者が責任を負うことになるか否かという点については，工事監理者が合理的方法による確認をしたか否かという観点から判断されなければならないと考えられます（松本克美・齋藤隆・小久保孝雄編著「専門訴訟講座②　建築訴訟」，平成25年第2版，民事法研究会）。

　国土交通省は，「建築士法第二十五条の規定に基づき，建築士事務所の開設者がその業務に関して請求することのできる報酬の基準」（**平成21年国土交通省告示第15号**）において，「工事監理に関する標準業務」とされているもののうち，「工事と設計図書との照合及び確認」の確認対象工事に応じた合理的方法を例示しています（「工事監理ガイドライン」）。これらの各項目について，用途や規模，報酬などに応じて，どのような方法を選択するのかということについては，事前に当事者間で協議し合意しておく必要があります。なお，建築士法は，建築士事務所の開設者に対し，工事監理契約を締結しようとするときは，あらかじめ一定の重要事項の説明と書面の交付を義務付けており，この項目の中に「工事と設計図書との照合の方法及び工事監理の実施の状況に関する報告の方法」が挙げられています（**建築士法24条の7，同24条の8**）。

　そして，施主が自らの判断で，工事監理の方法を工事監理者との間で合意している場合には，施主に対する工事監理者の法的責任は，債務不履行責任および不法行為責任のいずれにしても，合意によって選択した監理方法の範囲内での責任にとどまると考えられます。

誤解されがちな工事監理者責任

　昨今，工事監理責任について，瑕疵や工程管理に至るまで，施工に関するすべての管理監督責任を負うかのような誤解が見受けられます。裁判例においても，施工者の瑕疵の認定をそのままスライドさせ，さしたる事実

認定もなく，施工者と同等の責任を認めるようなものも存在するようです。

　しかし，以上のように工事監理者の役割は，施工者の役割とはまったく異なりますので，どこまでが工事監理者の責任範囲であるのかという点は厳密に検討されるべきと考えます。現実の問題として，法的紛争から身を守るためには，瑕疵や工程管理に関わる損害についても賠償請求されることがあることを念頭において，慎重に工事監理を行うことが望まれるところですので，注意をしていただきたいと思います。

　また，工事監理委託契約は，建物の完成を約束するものではなく（これを約束するのは工事請負契約です。），法律上の性質として準委任契約であると考えられますので，工事監理者は，過失があるときに限って責任を負います。

　過失の有無については，具体的な個別事情から判断する必要があります。施工者の責任＝工事監理者の責任との関係にあるわけではありません。ただし，事実上，設計図書と施工との間に不一致があれば，「工事監理をしていない結果，設計図書との不整合が是正できなかった」と事実上「推定」される可能性がある点には，注意する必要があります。

Q19：設計者・工事監理者が行政処分の対象となるのは，どのような場合ですか？

A 国（一級建築士）および各都道府県（二級・木造建築士）が定める「建築士の懲戒処分の基準」によれば，処分の対象となる懲戒事由は，違反設計，虚偽の確認申請，無確認着工およびその容認，工事監理不履行，重要事項説明義務違反，名義借り・貸し，不誠実行為などです。
　これらの事実について，基準として定められた項目ごとのランクに，個別事情による加重軽減を行って，免許取消，業務停止（1か月未満～12か月），戒告，文書注意などの処分がなされます。

　建築士法は，建築士の懲戒処分について定めています（**建築士法10条**）。そして，同条に関しては，抽象的ではありますが，各処分機関が適格に処分を運用するために，処分基準を定めています。
　一級建築士に関しては，処分の対象となる懲戒事由は，処分基準において約50項目が挙げられており，それぞれに1～15までのランク付けがされています。
　ここでは建築基準法等の技術基準に違反する設計（例えば，構造・防火規定違反），それ以外の違反設計など，違法な建物を設計した場合だけでなく，設計図書への記名押印をしないことや，建築士事務所の帳簿の保存がないことなど，建築確認制度の趣旨を害する行為が広く処分の対象とされています。

　耐震診断は，建築士法21条に定める建築士の「その他の業務」（建築物に関する調査又は鑑定）に該当するものであり，耐震診断結果を偽ることは，「その他の不誠実行為」として懲戒事由に当たると想定されます。
　また，耐震改修工事に関しては，既存部分および改修内容の適法性について技術基準等の法令違反が生じる可能性があり，さらに，施工に関して無確認着工の容認，工事監理不履行などが問題となり得ます。
　国土交通省および都道府県が行う建築士の行政処分（懲戒処分）は，個人や設計事務所などの権利を制限する重大な不利益となりますので，処分の決定は上記基準に従い，法律の定める手続きに沿って慎重に行われます。

処分のきっかけとなるのは、多くは行政庁（建築主事）や建築士の関連団体から国土交通省への報告などが考えられます。国土交通省（窓口は地方整備局等）が処分原因となるべき事実を把握した後、建築士に対し、書面で事実関係を確認する照会がなされます。その後、当該建築士が出頭して意見を述べる機会である聴聞という手続が行われます。ここでは、予定される処分の内容や原因となる事実について、根拠となる資料の閲覧を求め、証拠を提出して反論することなどができます。

最終的には、中央建築士審査会の同意を得て、処分が決定・公表されます。事実の発生から処分までは、数か月、場合によっては数年かかることもあります。

近年増加している建築士の行政処分

一級建築士の処分結果と、その根拠となる事実は、国土交通省のホームページなどで年に3～4回程度公表されます。

処分を受ける建築士の数は、ここ数年、急激に増加している印象があります。

いわゆる耐震偽装事件以降、構造規定に違反する設計を理由とした処分が多く見られましたが、昨今は、過失によって道路や斜線などの集団規定に違反した設計を行い、完成までに是正が完了したにもかかわらず、処分を受ける例が目立っています。平成24年度は、66人もの一級建築士が処分の対象となりましたが、その懲戒事由を見ると（公表されない個別事情はあるとしても）、他人事では済まされない事案も見受けられます。

所属建築士や管理建築士が処分を受ける場合、建築士事務所に対しても「建築士事務所の監督処分の基準」に従って、建築士と同じ程度の登録取消、閉鎖、戒告、文書注意といった処分がなされます。例えば、建築士の業務停止期間が3か月である場合に、事務所も3か月の閉鎖処分を受けるなど、です。

このように、事務所全体の業務が影響を受ける可能性があるため、注意が必要です。

建築士の刑事責任

Q20：設計業務に関連して，刑事責任を問われることはあるのですか？

A かつて，耐震偽装事件では，関係した建築士が建築基準法・建築士法の罰則規定が適用されて逮捕・起訴され，懲役5年，罰金180万円の実刑判決が確定しました。また，最近では，確認済証の偽造（有印公文書偽造）や，建築士詐称（建築士法・免状の提示につき偽造有印公文書行使罪）などの事件で，逮捕者が出ています。

過失によるものでも，建物の設備に関する事故で人が死傷した場合に，設計者が業務上過失致死傷罪の有罪判決を受けた事件もあります。

建築基準法・建築士法の罰則規定

建築基準法・建築士法の罰則規定は，是正命令等の行政庁等による命令に従わなかった場合，建築基準関係法令の技術基準に適合しない場合，建築確認などの手続規定に違反した場合などにおける懲役刑・罰金刑を定めています。

耐震偽装事件以降，構造関係規定が厳格化されたのと同時に，実効性を確保するために，違反建築に対する罰則規定も厳罰化されました。

技術基準に適合しない場合の刑罰の適用には，故意は不要であり，過失があれば足りると考えられています。つまり，不注意による違反でも，刑事責任を問われる可能性があるということです。

なお，耐震補強設計に関連の深い構造規定違反や防火区画の違反は，最も重い「3年以下の懲役又は300万円以下の罰金」が定められています。

事故が発生した場合の業務上過失致死傷罪

実際に重大事故が起こって人が死傷した場合には，刑法に定める業務上過失致死傷罪に問われる可能性が生じます（業務上必要な注意を怠り，よって人を死傷させたことが要件です。）。

最近では，温泉施設の施設管理が不十分であったために生じた死亡事故について，管理方法の伝達を怠ったとして設計者の責任を認めた執行猶予付きの有罪判決が出ています。この事件に関しては，設計者の個人責任を問うことについて疑問が大きく，控訴によって高裁で審理中です。

また，東北地方太平洋沖地震の際に生じた死亡事故に関して，駐車場のスロープ落下の原因が構造上の欠陥であるとして構造設計者が起訴され，また，舞台照明の落下の原因が吊りボルトの強度不足にあるとして，メーカーの設計者がそれぞれ書類送検されました（**第1章Q10**）。

その後の捜査や裁判について現時点では不明ですが，今回の地震は，震度の小さかった地域においても揺れの周期が極めて長いなど特異な特徴を示しており，従来の設計の想定外であった可能性があるといわれています。そうなると，刑事責任を問うことに疑問も感じられますが，起訴に至った以上は，それらの原因を排除しても，なお落下の危険があると考えられるほどの明白な瑕疵が見つかった，ということかもしれません。

事故に関する設計監理者の責任の重さ

設計者がそのまま工事監理者を務める，いわゆる設計監理者の責任は，非常に大きいものであると言わざるを得ません。

事故の発生原因が設計にある場合は，その設計者の責任が問われます。

一方，施工に起因する瑕疵が原因であった場合，直ちに工事監理者の責任とはいえませんが，設計図書との不一致を見過ごし，この結果，構造が脆弱となり事故が発生した場合には，工事監理者としての責任を問われるケースは考えられます。

こうした責任配分の善し悪しは別として，責任の重さを認識しながら設計・工事監理業務を行う必要があるといえます。

公訴時効の注意点

前述の駐車場の構造設計者の起訴は，設計から起訴までに12年程度が経過しています。

業務上過失致死傷罪の公訴時効（起訴が可能な期間）は5年です。しかし，時効の起算点「犯罪行為が終わった時」とは，設計監理者の行為（建築）が終了した時点ではなく，結果発生時，つまり事故によって死傷の結果が発生した時点と考えられています。そのため，設計した本人もすっかり忘れたころに突然，捜査員が訪ねてくるということもあるのです。

地震で古い建物が倒壊して多数の死者を出し，原因を探っているうちに，倒壊の原因となる重大な瑕疵が発覚した，というケースも考えられるところです。

民事責任である不法行為責任は，20年の除斥期間の経過によって問われなくなりますが，刑事責任である業務上過失致死傷罪は，設計行為など原因となる行為から20年を超えて問われる可能性がある点について，注意が必要です。

刑事手続の流れ

　刑法や特別法（建築基準法など）の定める「罪となるべき事実」を行った者に対し，適切な刑罰を科すために，刑事訴訟法は，捜査や裁判の厳格な手順を定めています。
　刑事裁判で有罪判決を受け，確定して服役するまでのプロセスには，

在宅捜査 → 書類送検 → 起訴 → 公判 → 判決 → 確定
逮捕※ → 勾留 ↗

※逃亡または証拠隠滅のおそれなど

の各ステップがあります。
　逮捕・勾留や書類送検されても，当然に起訴されるわけではなく，実際に起訴されるかどうかは，検察官の判断によることになります。場合によっては「処分保留」「不起訴処分」として，起訴されることなく身柄拘束を解かれる場合もあります。

02 ｜設計者の説明義務

説明義務とは？

Q21：最近よく聞く「説明義務」とは何ですか？

A　設計者の説明義務とは，設計者が施主に対して説明を行わなければならない法律上の義務のことをいいます。

具体的には，設計を行う上で必要な，施主の要望を的確に引き出し，施主に適切な意思決定をさせるのに足りる設計情報などについて，必要な範囲かつ相当な方法で，説明を行う必要があると考えられます。改修工事においては，事後的に設計業務の委託範囲が争われる例が多いため，説明を行うべき範囲にも注意が必要です。

また，委託範囲外の既存部分に関する事項などについても，説明義務を負う場合があります。

設計者と施主の間に生じるトラブルは，どちらに原因があるかは別として，設計者の説明の内容・程度が問題になるケースが多くを占めています。

まず，説明義務の前提として，そもそも設計とは何か，設計契約によって設計者は何を行う義務を負うのかについて，考えてみたいと思います。

設計業務とは何か？

設計契約の目的は，特定の建物の設計を行うことですが，設計とは何か？ということになると，明確な答えがありません。設計業務委託契約によって合意される設計業務の内容は，実にさまざまであり，一言で言い表すことはできないでしょう。

建築士法は，2条の定義規定において，建築工事の実施のために必要な図面および仕様書を「設計図書」と定義し，「設計」を，その者の責任において設計図書を作成することであると定めています。しかし，与条件が最初から明示されており，与条件に適合した建物について設計図書を完成させるという内容の業務委託であればともかく（設計業務委託契約が民法632条の請負契約であるという考え方は，そのような設計業務に整合的です。），実際の設計業務は，設計者が施主との対話の中で要望を引き出しながら，非定型的に進められる場合が多く（設計業務委託契約が民法

656条，643条の準委任契約であるという考え方は，このような設計業務に整合的です。），この場合，設計図書という成果品だけが設計業務のすべてではない（言い換えれば，完成した設計図書の枚数で相当な業務報酬が決せられるものではない。）とも考えられます。

この本では，設計とは施主が要望する建物を具体化することであり，アウトプットとして施主の要望の具体化である建物を設計図書に表現することだけでなく，インプットとして設計者の要望と各種の制約を的確に把握すること，つまり具体化へのプロセスについても，設計業務の重要な要素であると考え，それを前提として話を進めます。

設計契約に基づく，設計に関する説明義務

施主が要望する建物の具体化においては，設計の各段階における施主自身の意思決定が重要です。もっとも，建物の設計は技術的かつ専門的であり，施主において理解や判断が容易ではないことが通常ですから，専門家である設計者は，施主の意思決定に必要な情報を提供することについて，契約上期待されているといえます。

具体的には，施主の意向を聴取し，設計の方向性や設計の内容について協議しなければなりません。そして，その前提として，設計者は，適時，施主から要望を的確に引き出し，適切な意思決定をさせるのに足りる，設計に関する事項を説明すべきであり，それを怠った場合に契約上の責任が問題になり得ると考えます（設計契約を準委任契約と捉えると，この責任は準委任契約に基づく善管注意義務という理解になると思われます。）。この施主の要望を引き出し適切な意思決定を促すという説明の目的からすると，説明すべき範囲は，設計の内容そのものだけでなく，それに関連する事項を含むと考えるべきでしょう。

また，どの程度の説明で足りるか（冒頭の，必要な範囲かつ相当な方法）は，設計者に与えられた裁量の程度，建築についての施主の知識・理解のレベル，契約目的となる建物の規模・用途や設計の複雑さ，設計に要する期間など，諸々の事情により決せられると思われます。

なお，設計者は，建築士法に基づく義務として，「設計の内容に関して適切な説明を行うように努めなければならない。」とされており（**建築士法18条2項**），設計者の設計内容に関する説明義務は，公法上の努力義務と

しても明記されています。

　一方,「設計内容」に関する説明とは別に,設計業務の範囲（外枠）をどのように説明しておくか,という問題もあります。
　設計という業務は,先の設計の定義の広さ,曖昧さからわかるように,契約の対象となる設計業務の特定が困難なことがしばしばあり,事後的に業務範囲が争われる場合が少なくありません。特に,意匠設計者やプロジェクトリーダー的なマネジメント業務について,また,新築工事と比較した場合の改修工事において,設計契約の業務範囲に明確な線を引くことが難しい傾向があります。
　そのため,設計業務の範囲に関する説明も,難しいのです。
　建築士法に基づき,設計契約の締結前に設計契約に関する説明が義務付けられている「重要事項説明」（**建築士法 24 条**）は,前頁の「設計内容」に関する説明義務（**同法 18 条 2 項**）と異なり,設計業務の外枠に関する説明としての意味を持つものです。
　また,設計業務報酬に関する建築士法告示（**平成 21 年国土交通省告示第 15 号**）は,建築設計・工事監理等の業務報酬が合理的かつ適正に算定されることを目的として,建築士事務所に対する実態調査等を基に規定されたものですが,標準的な設計業務を設定している点で,設計業務の範囲の契約の解釈上,参考になります。

設計業務の委託範囲外の事項に関する説明義務

　設計者は,明らかに契約の範囲外の事項について,原則として法的責任を負うものではありませんが,例外的に,建築の専門家として,信義則上の説明義務を負う可能性があります。
　例えば,設計業務との関連性があり,それを説明しないことによって生じる施主の不利益が重大である場合などです。

　設計者の説明義務の範囲をみだりに広げることは適切ではないと考えますが,専門家 vs 素人という構造から法的責任を問われる場面は増えています。
　相手にわかる方法での説明を心掛けること,そして,それを図面や書面など客観的証拠として残すことが,自己防衛の意味で重要といえるでしょう。

耐震改修についての説明範囲

Q22：耐震診断・耐震改修の何について説明すべきですか？

A まず，耐震診断・耐震改修の目的と，対象となる範囲について誤解がないよう，説明を行うべきでしょう。また，耐震改修設計の内容は，構造種別を中心として具体的案件により異なるので，設計の範囲，耐震診断・耐震補強の方法，レベルの設定など，施主が意思決定するに足りる情報提供が必要です。

多くの場合，施主は建築の素人です。素人にとって理解し難いものほど，理解可能な程度に説明する必要があります。例えば，建物を新築する場合，設計契約の目的物は明確ですし，耐震性として必要なレベルも法令や建物の規模・構造から明らかな場合が多いです。しかし，耐震改修設計では，設計の範囲，耐震診断・耐震補強の方法，耐震性のレベルの設定など，選択の幅が広いといわざるを得ません。したがって，それらを施主と設計者で決定していく過程で，施主の意思決定するのに足りる説明を行う必要があります。

「耐震診断・耐震改修」の目的・対象を明確にすること

そもそも，耐震診断・耐震改修とは何かという点について，素人にはわかりにくいため，漠然としたイメージで語られることが多く，施主と耐震診断・耐震改修設計を行う設計者などとで認識のズレが生じている事案も見受けられます。

まず，促進法における耐震診断とは，新耐震基準の施行前である昭和56年5月31日までに新築の工事を着工した建物を中心とした「既存耐震不適格建築物」について，新耐震基準に準じた，震度6強から震度7の大地震で崩壊・倒壊する危険性が低い，というレベルの耐震性能を有しているか否かを判断するものです。また，耐震改修とは，上記のレベルの耐震性能を実現するための工事を指しています。

耐震診断・耐震改修設計には，促進法上の「技術上の指針」とされる構造種別ごとの技術指針・解説が用いられます（**平成25年11月25日付国住指第2918号，平成25年12月1日現在**）。一例を挙げると，

（一財）日本建築防災協会「木造住宅の耐震診断と補強方法」に定める

「一般診断法」および「精密診断法」（時刻歴応答計算による方法を除く）
　同上「既存鉄筋コンクリート造建築物の耐震診断基準」
　同上「既存鉄骨造建築物の耐震診断指針」
　同上「既存鉄骨鉄筋コンクリート造建築物の耐震診断基準」

　上記において，対象となるのは主に建物の構造体であり，新耐震基準への改正に伴い，より高いレベルでの検討が必要となった水平力に関する点が中心です。耐震診断・耐震改修には，旧基準の建物でも新基準と同等の性能を有することが前提となっている箇所について，設計・施工上の不具合を調整し補強することは，原則として含まれません。

　一方，一般人にとっての耐震診断・耐震改修とは，「大きな地震がきても建物が壊れないようにすること」といったイメージであり，既存建物の不具合，地盤の問題，天井や設備などの非構造部材の問題（**Q24**）まで，建物に関する地震の安全対策のすべてが含まれていると考えている場合があります。

　そのため，本件契約における耐震診断・耐震改修とは，どの範囲について何を行うべきものであるかについて，施主と設計者などとの間の認識のズレがないよう，十分に説明し確認をしておく必要があります。

　施主から見れば，高い費用をかけて建物の構造部の補強を行ったにも関わらず，建物を支えている敷地の擁壁について調査を行わなかったために，擁壁が崩れて建物が転倒したのでは意味がないわけですから，仮に契約の目的物が建物のみの場合であっても，敷地の安全性に関する説明が十分でなければ説明義務違反を問われる可能性があります。

耐震改修が目指す目標の設定について

　耐震診断・耐震改修設計のプロセスにおいては，耐震診断で現在の建物の耐震性を把握し，補強の目標を定め，目標を達成するにはどう補強するかを検討することが必要です。つまりは，目標設定とその達成手段について，説明が必要となるということです。

　例えば，耐震補強の最低限の目標値といわれる構造耐震指標 I_s 値 0.6 は，大地震で崩壊・倒壊する危険性が低いという最低限のレベルとされています。そのため，大地震の発生後も継続的に建物を使用する必要がある場合（例えば，病院や防災上の拠点となる施設等）は，建物の損傷を最低限に抑えるために，通常の I_s 値を上回るレベルを目標として設定することが

必要となります。

　また，建物内部に精密機器が設置されている場合など，内部の什器や機械類に損傷が及ばないようにする必要がある場合には，耐震性能を上げるだけでは限界があり，免震や制震を取り入れることによって，建物の揺れ自体を制御する必要が生じます。これらの手法の既存建物への適用は，一般の人にはあまり馴染みがないかもしれません。

　さらに，前述のとおり非構造部材や地盤・基礎についての対応についても，施主の判断を求める必要があります。広い意味での耐震性向上には，耐震補強以外の工事も必要となるからです。

　なぜ耐震改修を行うのか，何を目指すのか，性能とコストと工期のバランスをいかに取るか，何を優先すべきなのか。まずは，広い意味での目標設定を行うために，施主の要望を引き出すに足りる説明が必要となります。

　耐震診断や補強の技術的内容は，わかりにくさから「設計者任せ」になりがちですが，事後に何らかのトラブルにより施主と設計者の信頼関係が損なわれた場合に，設計者判断の合理性が問われる可能性も大きい部分です。そのため，設計者は施主に対し十分な説明を行うとともに，その内容を書面に残しておくことが重要です。

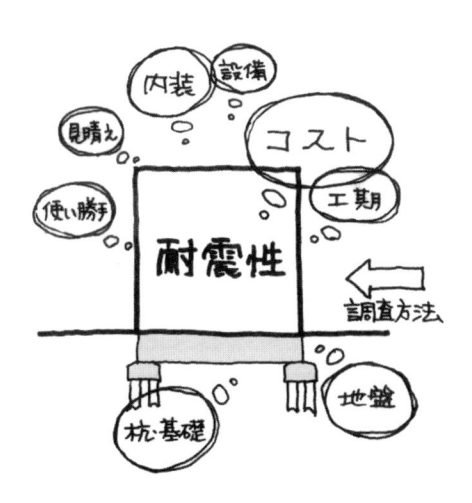

既存建物のリスク説明

Q23：既存建物のリスクについて，どう説明したらよいですか？

A 既存建物の施工不良など，想定外の耐震性の低下要因が既存建物に存するリスクは，改修工事の設計者，施工者との関係では，所有者である施主が負うべきものです（その上で，施主は，その原因を作出した者に対して，損害賠償請求を行うべきでしょう）。

既存建物のリスクについては，事前に予測して施主に十分説明し（リスクは施主が負うべきことを理解・認識してもらう意味でも重要です），リスクの大小に応じた耐震診断，調査を提案するなど，施主のリスク回避を手助けするのが，設計者・施工者のあるべき姿であると考えます。

既存の建物の存在を前提とする耐震改修の場合，仮に，当初の設計図や施工図が残存していたとしても，既存の建物の状態が改修設計の段階で，すべて明らかになっていることはまずあり得ません。そのため，工事開始後，内装を解体するなどした後に，躯体の施工不良や損傷などが発見され，設計を見直すなどの対応を求められることは，よくあることといえます。

耐震改修がコストや工期を増大させるリスクを常に抱えていることが，多くの建物の耐震改修の促進を阻害してきた要因であるともいえますが，リスクをおそれていては，事業は前に進みません。

一方，住宅などの規模のあまり大きくない工事では，想定可能な軽微な不具合などのリスクを施工会社が負う（補修を工事費に含む）といった契約もあり得るでしょう。施主である消費者が，それを望むと考えられるからです。

その場合，施工者が想定している契約に含まれるリスクの範囲，含まれない範囲を，契約書で特定すること，およびその特定方法が重要となります。何か見つかってから「想定外でした。」などと言っても，工事費の増額が認められず，トラブルになるだけです。

なお，耐震診断に当たって行う既存調査の精度と耐震改修工事のリスクとは，密接な関係にあります。すなわち，調査の精度が低ければ，リスクの把握は大まかになりがちですし，現実の問題が発生したときの対応にも

時間がかかります。かといって，リスクをおそれるあまりに不必要に高い精度で調査を行うことは，過大なコストと時間の負担を施主にかけることになります。

　耐震診断方法の選択に関して事前調査についても，メリット・デメリットなどを十分に説明し，リスクに関する施主の理解を併せて得ておく必要があるでしょう。

仮に耐震補強工事中に瑕疵が発見された場合

　耐震診断に当たっての事前調査でも発見されなかった重大な瑕疵が，耐震補強工事を開始後に発見され，補強工事の内容や工期に重大な影響が生じるなどの事態も，想定されるところです。

　この場合，瑕疵の補修自体は本来的に施主の負担で行うべきといえますが，発見が遅れたことにより増加した工事費や工期遅延について設計者の責任が問われる可能性も否定できません。

　設計者において，調査方法・範囲の決定に過失がないこと，すなわち，当該事案に鑑みて通常行うべき調査を行ったこと，発見された瑕疵が通常生じ得ない予見できないものであることなどを反論する必要があります。

　さらに，調査方法・範囲決定の過程において，既存建物のリスク説明を行ったかという点が問われると考えられますので，説明を行った上で，書面として残しておくべきでしょう。

非構造部材の耐震性について

Q24：天井や設備や地盤など構造体以外の耐震性の説明は必要ですか？

A　耐震診断促進法に基づき行われる耐震診断や耐震改修設計は，従来，構造に関する部分が対象となり，構造体以外の部分に関する調査・検討は行わないことが一般的でした。

しかし，建物の継続使用を目的として耐震改修を行う場合には，特に構造体に限って補強を行うという施主からの要望が明確になされていない限りは，構造体以外についても一応の説明をする必要があるというべきでしょう。

東北地方太平洋沖地震では，一歩間違えば重大災害につながりかねない天井やエスカレーターの落下事故が発生したことから，国土交通省は，これらの脱落・落下防止対策の義務付に関し建築基準法施行令および告示の改正を行いました（**平成 26 年 4 月 1 日施行**）。具体的には，「脱落によって重大な危害を生ずるおそれがある」とされる面積が大きく高所に設置されたなどの「特定天井」について，中地震動では損傷しないことの検証を義務付け，中地震動を超える一定の地震においても脱落の低減を図るとしています。また，既存天井等の改修について，耐震改修促進法の枠組みの中で行うことを検討しています。

建物の継続使用を前提とした広い意味での建物の耐震性能向上のためには，内装や建具，設備など構造材以外の部分についても，補強や改良が必要となります。仮に，説明を行わず，工事がなされなかったことによって事故が発生しても，設計者などが直ちに責任を負うということにはなりませんが，これらを耐震補強と別の機会に行えば，仮設工事や内装工事など費用がその都度二重にかかります。施主の側からみれば，予算の許す限り，耐震改修と同一の機会に対策を望むのが通常といえ，説明義務違反を問われる可能性も否定できません。

Q22 で述べたように，これらの非構造部分について，一般人が構造体の耐震性と区別して認識・理解しているとは言い難いので，検討の機会を与えるために一応の説明は必要であると考えます。

説明すべき項目の具体例

内装・設備機器等の脱落・落下

　建物内部の被害を抑制し，地震後も使用を継続するためには，内装材や設備機器，建具の破壊防止が課題となります。特に，天井材・設備機器など，頭上に吊るものについては，高さや種類（重さ，硬さ）によっては，室内にいる人の生命・身体を損なう危険があります。現在，既存の天井・設備機器などの耐震性の向上が緊急の課題となっています。

屋外における落下物

　屋外におけるバルコニー，手すり，看板など，落下の危険性のある物についての対策も必要です。

　特に，袖看板といわれる道路や歩道上に突き出して設置されている看板は，一たび落下すれば甚大な被害を生じさせる危険があるにもかかわらず，野放しといってよい状態で，劣化が著しいものも多く見受けられます。

　また，古いビルの窓ガラスが地震時に落下することも危惧されます。2005年の福岡県西方沖地震の際の，建物上層階の窓ガラスが割れて歩道上に降り注ぐ映像は，人々に衝撃を与えました。

　仮に，これらが落下し，通行人の生命・身体を損なうなどの損害を与えた場合，看板などを管理している占有者（テナントなど）や建物所有者が問われ得るのは過失の有無を問わない工作物責任であり，土地工作物に瑕疵があるとして損害賠償義務を負う可能性が高いと考えられます。また，設計者・工事監理者・施工者において，不法行為責任を問われる可能性もありますので，安易に危険性を見過ごすことのないよう注意すべきです。

地盤の液状化，擁壁の破壊

　地盤・擁壁については，平成18年国土交通省告示184号別添「建築物の耐震診断および耐震改修の実施について技術上の指針となるべき事項」において，「建築物の敷地」の安全上必要な措置などを講ずることを定めています。しかし，従来の耐震診断・耐震改修設計では，建物が中心で，地盤などの問題は見落とされがちでした。地盤の液状化によって生じ得る著しい不同沈下や杭の損傷，隣接する擁壁の転倒崩壊による地盤の変状等，上部構造物の安全性に影響を与える可能性があるリスクが存在しないか，当該建物の構造・規模・用途に見合った方法で改めて検証し，構造体の耐震補強と同時に，対策を提案する必要があると思われます。

被災後を考慮した設備機器の更新

非常用電源や水の備蓄，揺れの影響を受けにくい設備配管など，被災時の建物の機能をいかに維持するかに重点を置いた技術の開発が進んでおり，建物の付加価値を向上させるものとして，ニーズが高まっています。建物の性質や改修の目的によっては，これらの説明義務を負う可能性もあります。

天井脱落対策の対象となる天井と検証ルート

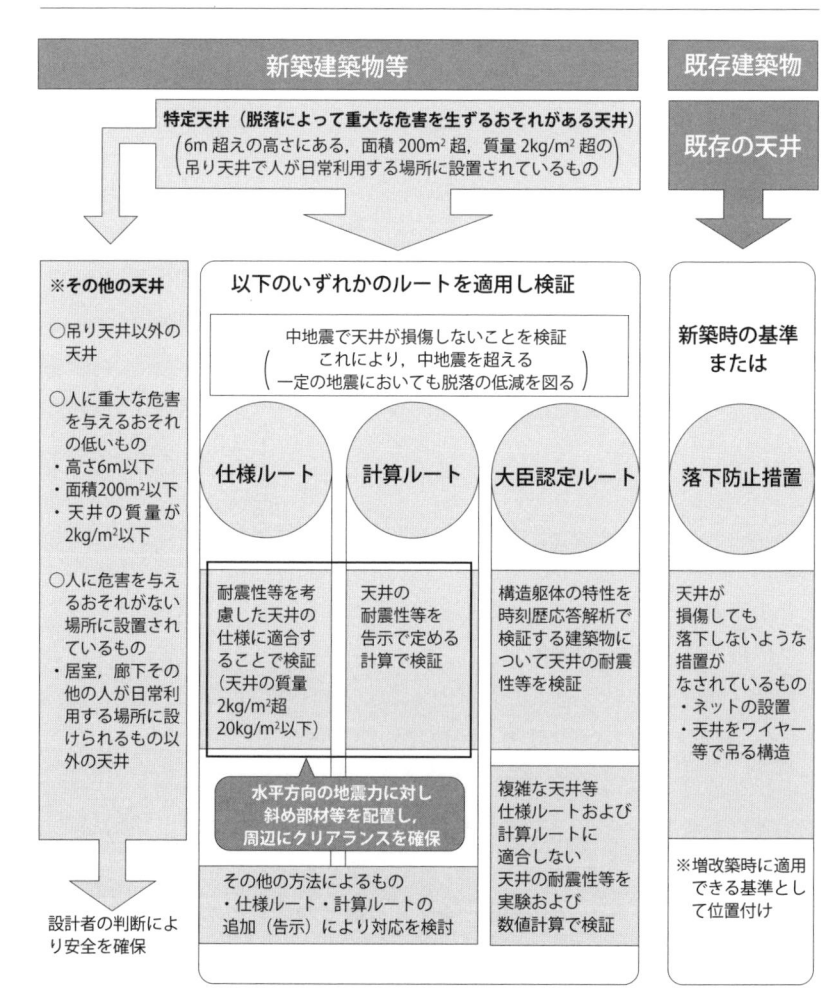

新築建築物等

特定天井（脱落によって重大な危害を生ずるおそれがある天井）
6m超えの高さにある，面積200m²超，質量2kg/m²超の吊り天井で人が日常利用する場所に設置されているもの

※その他の天井

○吊り天井以外の天井

○人に重大な危害を与えるおそれの低いもの
・高さ6m以下
・面積200m²以下
・天井の質量が2kg/m²以下

○人に危害を与えるおそれがない場所に設置されているもの
・居室，廊下その他の人が日常利用する場所に設けられるもの以外の天井

設計者の判断により安全を確保

以下のいずれかのルートを適用し検証

中地震で天井が損傷しないことを検証
これにより，中地震を超える一定の地震においても脱落の低減を図る

仕様ルート
耐震性等を考慮した天井の仕様に適合することで検証
（天井の質量2kg/m²超20kg/m²以下）

計算ルート
天井の耐震性等を告示で定める計算で検証

水平方向の地震力に対し斜め部材等を配置し，周辺にクリアランスを確保

その他の方法によるもの
・仕様ルート・計算ルートの追加（告示）により対応を検討

大臣認定ルート
構造躯体の特性を時刻歴応答解析で検証する建築物について天井の耐震性等を検証

複雑な天井等仕様ルートおよび計算ルートに適合しない天井の耐震性等を実験および数値計算で検証

既存建築物

既存の天井

新築時の基準または

落下防止措置
天井が損傷しても落下しないような措置がなされているもの
・ネットの設置
・天井をワイヤー等で吊る構造

※増改築時に適用できる基準として位置付け

国土交通省建築基準法施行令の一部を改正する政令について（平成26年4月施行）
参考資料「建築物における天井脱落対策の全体像」より抜粋

Q25：耐震補強費用に関する助成金や税制優遇については，設計者が調査・説明しなければなりませんか？

　A　これらは，設計内容や対価に関する事項ではないことから，設計契約の合理的解釈として，契約上，設計者が直ちに説明義務を負うとは解しがたいと考えます。

　もっとも，設計者が助成金の利用や税制優遇があることを積極的に説明して設計契約を勧誘したような場合には，設計者が調査・説明義務を負う場合も考えられます。

　耐震診断や耐震補強に関する助成制度は，行政ごとにさまざまな種類が設けられていますので，こうした諸官庁手続に慣れていない一般人である施主が，自ら調査・検討を行うには困難が伴います。一方，設計を行う建築士にとっては，こうした助成制度を調査し説明することは比較的容易です。そのため，設計者が，こうした情報格差を埋め，耐震補強設計に関する施主の適切な判断に助力することは好ましいと思われます。

　しかし，耐震補強に関する設計契約は，設計者が耐震補強に関する設計を行い，対価として報酬が施主から支払われることを目的とする契約であると考えられます。そして，耐震補強に対して支払われる助成金や税制優遇は，耐震補強そのものや対価に関する事項とはいえないため，これらの調査・説明を依頼する旨の明示・黙示の合意がない限り，設計契約から直接，調査・説明義務が生じるとはいい難いと思われます。

　したがって，説明を行わなかったことのみを理由とした損害賠償請求は，原則，認められないと考えられます。

助成金等のあることを示して設計契約を勧誘した場合の調査・説明義務

　助成金等の経済的支援は，施主の工事予算を補う関係にあるため，設計契約を勧誘するに当たり，設計者からそれらの存在について積極的に示す場合も想定されます。

　この場合，施主の側に設計者に対する助成金等に関する情報提供への期待が生じ，設計者においても施主が得る助成金等を前提として設計を行うと申し入れているといえますので，設計者は助成金等に関する調査・説明

義務を負う可能性があります。

　もっとも，仮に助成金等が取得できなかった場合であっても，契約の効力には直ちに影響は及ばず，契約は存続するのが原則です。したがって，契約が終了しない点についても，あらかじめ説明を行う必要があると思われます。

助成金支給の条件に注意

　助成金支給の条件や申請手続については，一般に各行政が要綱などに定めています。

　助成金の申請主体は当然に施主ですが，確認申請と同様に設計者・施工者が申請や完了の報告を代理することを想定している場合もあります。もっとも，助成金等の交付に関する条件として，設計者や施工者が当該行政区内に所在する事業者であることや，当該行政庁の指定する事業者であることを求めているものが見受けられ，予定した設計者が設計を行うと，助成の対象にならない場合があり，また，設計契約・工事請負契約と助成金申請の先後関係について，設計契約・工事請負契約が助成金の申請・支給決定より先行すると，助成金の支給対象とならない場合もあります。

　さらに，施主に前年度の地方税の滞納がないことを条件とする場合もあります。

　前述のとおり，設計者は助成金等に関し，調査説明義務を負うものではありませんが，契約を締結し業務を進めた後に，期待していた助成金が得られないということになれば，契約の効力をめぐりトラブルになることは十分に考えられます。依頼を受けた場合，リスク回避の観点から，まずは当該地域の要綱などを調査するべきでしょう。

Q26：耐震補強の結果，隣地境界線からの離隔距離 50cm を確保できない場合，どうすべきですか？

A　隣地境界線から 50cm 未満の位置に建物を建築しようとする場合，民法 234 条の規定に基づき，隣地所有者から建築の中止や変更を請求される可能性があります。

元々 50cm 以上離して建築されていた建物が，耐震改修によって 50cm 未満になる場合でも，隣地所有者に承諾を得た上で，工事を行う必要があると考えます。

仮に，承諾を得ずに工事を行った場合，隣地所有者が工事の中止を求める仮処分の申立を裁判所に起こすなど，トラブルが深刻化する可能性があります。施主に対して十分な説明を行い，事前に施主から，隣地所有者の了解を得るように依頼すべきでしょう。

民法 234 条が定める隣地境界線からの離隔距離

民法 234 条は，建物を建造するには境界線から 50cm 以上の距離を保たなければならないとし，これに違反して建築をしようとする者に対して，隣地所有者は，建築の中止・変更をさせることができると規定しています（ただし，着工から 1 年後または建物完成後は，損害賠償請求のみ可能となり，建築の中止・変更を求めることはできません）。

かかる規定には例外があり，防火地域・準防火地域内の外壁が耐火構造である建物（**最高裁平成元年 9 月 19 日判決**）や，当該地域において異なる慣習がある場合には適用されません。また，民法 234 条は隣地所有者の権利を認める規定であり，当事者間で異なる合意をすることは可能ですので，隣地所有者において当方が 50cm 未満の位置に建築することを認めている場合には，問題になりません。

50cm の離隔距離を空ける趣旨は，後日の改築や修繕における施工スペースの確保，通風等の衛生・生活環境の向上，火災時の延焼防止の点から，双方において 50cm ずつ離隔させ，合計 1m の隣棟間隔を確保しようとするものです。

もっとも，民法234条は50年以上前に定められた規定であって，現在の都市部の実情に合わなくなってきていることもあって，この点に関するトラブルが多くみられます。また，あらかじめ双方合意の上で双方の距離を50cm未満で設定する場合も多く，50cmという数値が必ずしも守られているわけではありません。

隣地境界線までの距離をどこで測るか？

民法234条の距離とは「建物の側壁及びこれと同視すべき出窓その他の建物の張出し部分と境界線の最短距離」であるとし，屋根・庇や軒先の雨樋の突出は最短距離に考慮していない下級審の裁判例も存在します（**東京高裁昭和58年2月7日判決等**）。もっとも，縦樋など通行の支障となり得る部分的な突出をどのように理解すべきか，これについて判断した裁判例は見受けられません。「面」として突出していない場合に，壁と「同視すべき」とまではいえず，規定の趣旨に反しないため許容されるという結論になるか否かは，敷地の具体的状況に地域性を加味した個別具体的な判断になると思われます。

隣地所有者の請求が排斥される場合

仮に，施工を開始した後において工事中止や建物位置の変更を求められるとなると，それによる損害は甚大です。一方，離隔距離の不足の程度が軽微であれば，隣地所有者の権利を侵害するとまではいえないケースも考えられます。

そこで，離隔距離が不足する建築によって隣地所有者に与える不利益の程度，建築の中止・変更を求められる側の損害の程度，建築に至った経緯などを考慮した上で，隣地所有者による請求が権利の濫用であるとして否定される場合や，損害賠償のみが認められ，建築の中止・変更が否定される場合が考えられます。

耐震補強では，外付けの部材を設置したり，基礎や外壁の補強によって，離隔距離50cmが確保できなくなる場合も考えられます。仮に，隣地所有者から工事の中止・変更を求められた場合でも，既存建物を前提として補強を行う関係上，工事の必要性は高く，建築の中止・変更までが認められる可能性はそう高くないものと考えられます。

03 | 改修工事の設計トラブル

耐震性を低下させる改修工事

Q27：店舗リニューアルで耐震性が著しく低下した場合，どうすべきですか？

　A　改修工事の内容が，施主の要望に基づくものであっても，本件改修工事の内容から，建物の耐震性が相当程度低下し違法建築となる可能性があることが，設計者において設計時点で予測可能だった場合には，設計者に過失が認められます。

　この場合には，設計者は，債務不履行に基づく損害賠償義務を負うという結論になります。

例えば，次のようなケースを考えてみましょう（施工会社の責任についてはQ41参照）。

　一級建築士Aは，築50年の小さな店舗ビル（RC造）のオーナーBから，ビル内部の一部の耐震壁および床を撤去し，1～2階にらせん階段を設置して，1～2階を一体の店舗に改修する設計・監理を依頼されました。低予算で，確認申請が不要な工事でしたので，躯体工事は必要最小限に留め，内装工事を重点的に行う設計としました。

　ところが，店舗のオープン後，一級建築士Aは，オーナーBより，建物が揺れる気がするという苦情をいわれ，調査をしたところ，本件ビルが建築当時の耐震基準を欠く状態であることが判明し，施工者Cとともに損害賠償請求を受けてしまいました。

　一級建築士Aは，オーナーBに対し損害を賠償しなければならないでしょうか。

設計者・監理者の法令遵守義務

　設計者は，設計に際し，設計に係る建物が建築基準法などの法令に適合するようにしなければなりません。

　違反建築物は，特定行政庁からの除却是正などの措置の対象となり（**建築基準法9条1項**），法的に存在し続けることが許されません（実際に是正命令等が出されることは稀ですが，違反建築物は，常にそのリスクを抱え

ていることになります)。また,建築基準法・建築士法は,設計を行う建築士の公法上の義務として,法令遵守義務を定めており(**Q19参照**),建築士に設計を依頼する施主としても,建築士が設計した建物が適法であることを当然に期待しています。

　また,工事監理者は,工事が設計図書の内容に合致していることを通じて,施工された建物が,建築基準法などの法令に適合していることを確認しなければなりません(**Q18参照**)。

　つまり,契約内容を遵守すべき義務と構造関係規定に関する法令遵守義務とは,それぞれに独立するものですが,契約責任は法令遵守義務を前提としているため,法令遵守義務が契約上の義務の一内容を構成すると理解されます。

　したがって,法令に違反する設計や,法令に違反した建物の施工を過失によって見過ごした監理は,依頼の趣旨に反する契約違反であり,債務不履行に当たることになります。

一級建築士Aは法令遵守義務に違反するか？

　現行法の新耐震基準に合致しない建物でも,建築当時の法令に適合している場合,既存不適格建築物として現行法が遡及適用されないため,違反建築物にはなりません。また,本件改修工事は,増築や主要構造部の過半の修繕に当たるものではありませんので,現行法への適合を求められる場合には当たらず,直ちに違反建築物になるということもいえません(**Q16参照**)。

　もっとも,耐震壁と一部床を解体し,新たに階段を設置するという本件改修工事によって,本件ビルは,建築当時の耐震基準にも満たない,安全性を欠いた違反建築物になってしまいました。したがって,一級建築士Aの設計・監理は,客観的に法令遵守義務に違反するものということなります。

　さらに,本件ビルが築50年の古いビルであることや,耐震壁と床の解体という改修工事の内容から,工事によってビルの耐震性能が相当程度低下すること,その結果,ビルが違反建築物となることは,一級建築士Aには予測可能であったはずです。したがって,Aには,違反建築物を作り出したことについての過失が認められます。

よって，一級建築士Aは，違反建築物を設計したという，債務不履行が認められるため，損害を賠償しなければならないという結論になります。

一級建築士Aは，どのような損害を賠償しなければならないか？

オーナーBが本件ビルを問題なく使用するには，本件ビルを，少なくとも元の耐震性能である旧耐震レベルにまで補修する必要が生じてきます。

したがって，一級建築士Aの設計によりオーナーBに生じた損害は，上記補修に必要な工事費用相当額ということになると思われます。

もっとも，一級建築士Aが一部の耐震壁および床を撤去し，らせん階段を設置したのは，施主であるオーナーBの要望に従ったからです。そこで，Bにも損害が生じたことへの原因があるとして，Aは損害額の減額を主張することはできないのでしょうか？

債務不履行に基づく損害賠償請求に関しては，請求する側に過失があった場合，裁判所は，その過失を考慮して損害賠償額を決定することとされています（過失相殺，**民法418条**）。

そうなると，オーナーBの過失の有無が問題となりますが，一級建築士Aが建築士という建築の専門家である一方，Bが建築について素人であるという事情からは，Bの過失は認められにくいのが実情です。Aは，Bの要望を適法かつ安全に実現することは不可能（または別の補強が必要）であることを説明し，計画の変更を説得すべきだったと考えられるからです。

したがって，オーナーBが問題点を把握していたなどの事情（建築に詳しいアドバイザーが付いていたなど）や，Bが一級建築士Aの説得も聞かず要望を押し通したなどの特別な事情がなければ，過失相殺の適用による損害額の減額は認められないと考えます。

改修工事に際しては，耐震性の説明をすべきこと

建物の耐震性能は，建物の機能として最も重要な安全性の柱となるものです。特に，既存不適格建築物においては，現行法の耐震性の不足についてどのような対策を行うか（または行わないか）は，施主にとって興味のあるところです。

そのため，耐震性を低下させる可能性のある改修を行う場合は，当該建

物の耐震性の不足について，説明を行う必要があります。また，耐震改修の機会となるような大規模な内装の改修などを行う場合にも，必要に応じて設計者の側から説明を行うべきであろうと考えます（大規模修繕等に該当する場合には，現行法が適用される（**Q16参照**）。）。

　本件ビルの耐震性能は，元々，現行法の基準に不足していると思われる上，本件改修工事は，耐震性能をさらに低下させる内容です。
　そのため，一級建築士Aは，設計者として改修後の耐震性能や，仮に耐震改修を行う場合に必要な費用・工期と実現できる耐震性能レベルについて，あらかじめオーナーBに十分な説明をすべきだったといえるでしょう

参考裁判例

東京地裁平成23年6月17日判決

　「建物の建築に携わる設計者，施工者及び工事監理者は，建物の建築に当たり，当該建物に建物としての基本的安全性が欠けることがないように配慮すべき注意義務を負うと解するのが相当である（**最高裁平成19年7月6日判決を引用**）。」
　「本件建物は昭和56年以前の旧耐震基準で設計・施工された鉄筋コンクリート壁構造3階建の建物であるが，本件解体工事によって，その3階の厚さ18cmの耐力壁が撤去され，本件建物の構造耐力を著しく減退させていることが明らかである。この点については，たとえ建築の構造の専門家でなくとも耐震上必要な構造壁の撤去によって，当該建物に建物としての基本的安全性が欠ける事態を招来するものであることは当然に予測がつくべきものであることが認められる。
　そうすると，被告は，本件設計監理契約に係る設計監理者として，構造躯体に影響を与える程の危険な解体工事を回避すべき注意義務があるのに，本件解体工事によって本件建物の安全性を損ねているので，その注意義務を怠った債務不履行があるというべきである。」

耐震改修の要望がなかった改修工事

Q28：改修設計に際し，施主の要望がなくても，耐震診断・耐震改修の説明は必要ですか？

　A　改修工事を行う目的が，長期使用と明示されている場合や，性能的にも施主の事業継続の点でも耐震改修を行う必要があると認められる場合には，いずれかの機会に耐震診断・耐震改修が必要となる可能性が高いため，施主にとって，それらを通常の改修工事と同一の機会に行うことに大きな利益があります。

　そして，設計者においてそれが明らかである場合には，施主の意思決定に必要な情報として，説明を行う必要があると考えられます。

　仮に説明を行っていたならば施主が耐震改修を行ったであろう場合には，設計者は，耐震改修についての説明を行わずに単に改修工事のみの設計を行ったことについて，施主に対し，同一の機会に耐震改修を行った場合の工事費低減分につき損害賠償義務を負う可能性があると考えます。

例えば，次のようなケースを考えてみましょう。

　一級建築士Aは，築35年のテナント事務所ビル（鉄骨造）を購入した食品問屋Bから，今後15年間本社ビルとして使用したいので，古い内外装や設備をやり替え，プランを変更してほしいと，設計・監理を依頼されました。一級建築士Aは，内外装・設備を全面的にやり替えて間仕切などを変更する設計をし，施工を監理しました。

　ところが，引渡から1年後，一級建築士Aは，食品問屋Bより，本件ビルは震度5強で倒壊する危険性が高い建物であり，耐震改修を検討すらしなかった設計に問題があるとして，耐震改修に必要な工事費相当額の損害賠償請求を受けてしまいました。

　一級建築士Aは，食品問屋Bに対し，損害賠償を支払わなければならないのでしょうか。

依頼を受けた事項以外についても，設計者は説明しなければならないのか？

　Q21で説明したとおり，設計とは，本書での考え方では，施主の要望を建物という形に具体化し，それを設計図書に表現することです。

　そのため，設計者は，施主の要望を具体化する過程において，要望を聞

き出すための投げかけとして，また依頼者の適切な判断を得るために，必要な事項について相当な方法で説明を行う必要があります。

　もっとも，およそ当該建物に関するすべての事項について説明が必要だとしたら，施主との協議は混乱して設計はなかなか進まなくなります。また，設計者も過重な負担を強いられることになります。

　そこで，設計業務を委託した趣旨から，設計者が法的義務として説明しなければならない範囲を検討する必要が生じます。

　建築の素人である施主は，建築の専門家である設計者に対し，業務範囲を区切って設計を委託した場合であっても，業務委託範囲に密接な関連性があって，施主に大きな利益・不利益がある事項は，自身から特に聞かなくても指摘して説明を受け，検討・判断をする機会がほしいと思う場合が多いと思われます。

　個々の事情から，以上のような設計業務委託における施主の設計者に対する期待が明らかな場合は，それを前提として，設計者が依頼された事項との密接な関連性を有し，かつ，その事項を検討・判断することが，客観的に施主の大きな利益・不利益となり得る事項について，説明が必要であると考えます。そして，それ以外の事項については，特に問われた場合に説明すれば足りると思われます（もっとも，別に信義則上の説明義務を負う場合もあります。　→　Q29）。

一級建築士Aは耐震改修の説明をしなければならなかったのか？

　一級建築士Aが依頼を受けたのは，内外装・設備のやり替えと間仕切変更であり，耐震補強に関する検討・設計は依頼されていません。そのため，Aが，依頼を受けなかった耐震補強の検討・設計を行わなかったことで，直ちに債務不履行である（委託された業務を怠っている）とはいえないと考えます。また，本件での内外装と設備のやり替えは，一見，耐震改修とは無関係であるように見えます。

　しかし，耐震改修工事には，それに付随して内装・設備を撤去しやり替えねばならない箇所が多く発生するため，今後，さらに耐震改修工事を実施したとするならば，その際に再び同様の内装・設備工事が発生します（工事の重複）。つまり，既存不適格建築物のような古い建物をスケルトンにするような大規模な改修工事と，耐震改修を同じ機会に行うことは，

かかる重複工事を削減し，費用と期間（工期）の面で大きな利益があります。

本件では，15年という長期間の使用に耐え得るような改修工事という，食品問屋Bの依頼の目的や，工事に多額の費用を要すること，本件ビルは築35年の旧耐震建築物であって耐震性が不足している可能性があるという事実などからは，本件建物において耐震診断や耐震改修を行う必要性は高く，以上を前提とすると，本件改修工事と耐震診断・耐震改修との間には関連性が認められ，両者を同一の機会に行うことは，施主にとって大きな利益があるというべきでしょう。

また，上記の点は，通常の一級建築士から見れば容易に気付く点であり，一級建築士Aに過失も認められます。

したがって，本件において，一級建築士Aは，食品問屋Bに対し，同一の機会に耐震改修を行えば工事費や工期の点で利益があることを説明し，Bに耐震改修の実施についての判断を仰ぐ必要があった可能性があります。

よって，一級建築士Aは食品問屋Bに対して，債務不履行に基づく損害賠償義務を負う可能性があると考えます。

一級建築士Aが説明をすれば食品問屋Bは耐震改修を行ったのか？

損害賠償が認められるためには，一級建築士Aが説明を怠ったことによって，食品問屋Bに損害が生じたといえる因果関係が必要となります。

例えば，本件ビルの耐震性不足が素人にとっても一見して明らかな場合や，食品問屋Bが第三者からアドバイスを受けるなどして耐震性不足を知っていた場合，一級建築士Aが説明をしなかったことによって，Bは耐震改修を行わなかったという関係にはならないと考えられます。

このように，一級建築士Aの説明義務違反と食品問屋Bの損害との因果関係は否定される場合は，Aは損害賠償義務を負いません。

一級建築士Aは，どのような損害を賠償しなければならないのか？

仮に一級建築士Aに損害賠償義務が認められるとしても，食品問屋Bに，耐震改修費用全額について損害が生じたといえるのでしょうか。

一級建築士Aから適切に耐震改修についての説明を受けていたとしても，

耐震改修を行うには工事費がかかります。その工事費は，耐震改修を行うことによって利益を得る建物の所有者，食品問屋Ｂが負担すべきものです。つまり，Ａの説明がなかったことでＢは耐震改修の利益も受けていない代わりに，工事費も支出していないのです。したがって，工事費相当額の損害を受けていることにはなりません（この点，設計の債務不履行によって耐震性能が損なわれ，元の耐震性能を確保するために補修費用相当額が要するため，補修費用相当額の損害が認められるという結論のQ27とは異なります。）。

　前述のとおり，大規模改修工事と耐震改修工事を同じ機会に行うと，重複する一部の工事を削減でき，費用と工期の点で利益があります。したがって，食品問屋Ｂが失った利益は，同じ機会に工事を行うことにより得られる利益であり，耐震改修に必要な費用の全額ではありません。

　よって，一級建築士Ａは，耐震改修を同一の機会に行うことで低減できる工事費分について，損害賠償義務を負う可能性があると考えます。

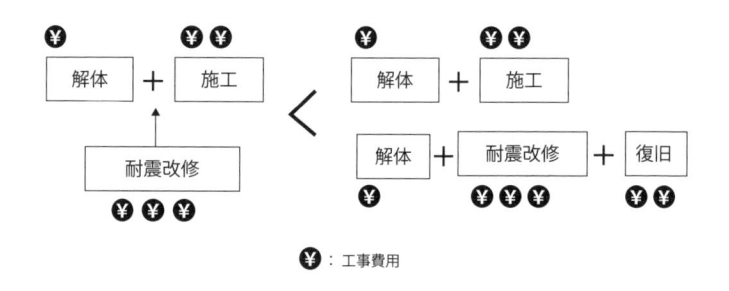

¥：工事費用

Q29：既存部分に防火区画の瑕疵発見！どう対処すべきですか？

A 改修工事が確認申請の必要となる規模に至っておらず，設計者が防火区画等の法令調査・是正を特に依頼されていない場合であっても，防火区画の不備は，施主にとっては是正すべき法令違反という重要な情報であり，設計者はそれを知った以上，施主に説明をすべきであると考えます。

もっとも，設計者は，事前に発見するために調査を行ったり，具体的な改修方法までを提示したりする必要はなく，防火区画の不備が存在することとそれによる問題点を指摘して，改修設計の範囲に追加するか否かの判断を施主に促せば足りると考えます。

例えば，次のようなケースを考えてみましょう。

一級建築士Aは，築35年のビルを購入したオーナーBから，間仕切壁や用途を変更せずに耐震改修を行う設計を依頼されました。建築時の検査済証があり，主要構造部の改修が過半に至らないため，建築主事より確認申請は不要と判断されました。

ところが，既存図面と現地の照合などにより，完了検査後に防火区画を形成する非耐力間仕切壁を撤去する工事がなされ，適法な防火区画がなされていない箇所が多数あることが判明しました。

一級建築士Aは，オーナーBに対し，どのような点を説明しなければならないでしょうか。

設計者は，既存建物全体の適法性について責任を負うのか？

まず，説明義務の範囲の前提として，設計者の責任範囲が問題となります。設計を委託された事項以外の部分で違法が見つかった場合，設計者はどのように対応すべきでしょうか。

Q27で説明したように，設計・監理者は，設計に係る建物が建築基準法などの法令に適合するよう設計・監理する義務を負っています。このことからすると，既存建物全体の適法性について，責任を負うように思えます。

しかし，設計が，特定の工事を目的とするものであることからすると，

工事を予定していない範囲についてまで設計の責任範囲が及ぶとは，考え難い場合もあります。

　現実問題として，たとえ軽微な改修であっても設計者の責任範囲が既存建物全体に及ぶとすれば，設計者に，あまりに過剰な期待と負担を掛けることになるということもいえるでしょう。
　例えば，分譲マンションの一住戸の軽微なリフォームを依頼されただけの設計者が，マンション全体の適法性を担保しなければならないなどといわれても，なすすべもありません。
　また，建築確認制度の下では，検査済証を取得した既存建物は，適法な設計に基づき適法に施工された適法な建物であることが，一応の前提となっています（確認申請においては，検査済証がある場合にも設計者による現況のチェックが求められますが，確認済証や検査済証が存在しない場合とは求められる精度が異なります。）。そのため，新築後に適法性を損なう工事がなされていない限りは，改修する範囲（とその関連する箇所）の適法性を確認することで，建物全体の適法性が確認できる建前になっています。

　以上の点からすると，設計者の責任範囲は，原則として改修工事を行う範囲（事項）に限定されるものの，増築，大規模修繕等に当たる規模・内容の改修工事を行う場合には，建築基準法，建築士法上の責任と同様に，施主との関係でも，建物全体の適法性に及ぶ可能性があると考えるのが妥当と思われます。

設計者の責任範囲が既存建物全体に及ぶ場合

　既存建物の存在を前提とする工事で確認申請が必要な工事は，増築，大規模の修繕，大規模の模様替および用途変更と定められています（**建築基6条1項，87条1項**）。これらの確認申請については，既存建物の確認済証，検査済証により，既存建物の適法性が確認できることを前提とするものの，審査対象が工事範囲に限定されておらず，建物全体の適法性（または既存不適格性）が問われ，必要に応じ，既存部分の是正が求められます。
　したがって，これらの工事を前提とした設計の場合には，設計者において建物全体の適法性を確認する義務を負い，設計者の責任範囲が既存建物

全体について及ぶとみるべきでしょう。

本件において，一級建築士Aが依頼されたのは，間仕切壁や用途を変更せずに行う耐震改修の設計ですから，設計の内容は専ら構造に関するものであり，防火区画に関する非耐力間仕切壁の問題は，検討の対象にはなりません。

そして，本件工事は，大規模修繕等に至らないものであり，設計者の責任範囲が既存建物全体に及ぶとまではいえません。

したがって，防火区画に関する非耐力間仕切壁の問題は，一級建築士Aの本来の設計義務の範囲外であり，Aは仮に防火区画の瑕疵に気付かなかったとしても，原則として，債務不履行責任を負うものではないと考えます。

委託範囲外の事項に関する説明義務

では，設計者の契約責任の範囲ではないことを前提として，瑕疵を発見してしまった設計者は説明を行わなくてもよいのでしょうか。

Q21などで述べたとおり，設計者は，建築の専門家として相当の振る舞いを期待されており，それを怠った場合に信義則上の責任を負う場合があります。依頼された事項との無関係な事項や関係の薄い事項についても，その事項を検討・判断することが施主の大きな利益・不利益となり得る事項である場合には，信義則上説明を行うべきであると考えます。

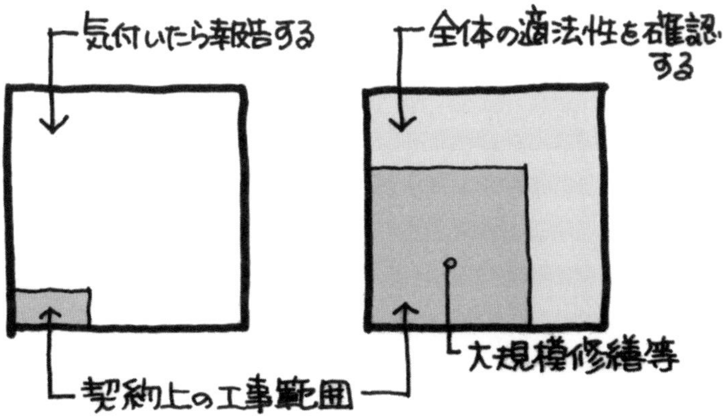
気付いたら報告する
契約上の工事範囲
全体の適法性を確認する
大規模修繕等

一級建築士AがオーナーBに説明すべきこと

　前述したとおり，防火区画に関する非耐力間仕切壁の問題は，一級建築士Aが依頼を受けた耐震改修の設計とは関連性が薄いものといえます。

　しかし，防火区画が適法になされていないと，火災の延焼を食い止めることができず，オーナーBや第三者にも危険を及ぼす可能性があります。被害拡大の原因が建物の違法にあることから，第三者に生じた被害に対するBの損害賠償義務も，免れ難いものと思われます。

　したがって，防火区画の不備があるという情報は，それを是正しなければならない立場であるオーナーBの大きな利益となるものとはいえ，一級建築士Aはそれを知った以上，Bに説明をすべきであると考えます。

　もっとも前述のとおり，防火区画の問題が一級建築士Aの依頼を受けた事項との関連性が薄い点に鑑みると，Aは具体的な改修方法までを提示したり，オーナーBを説得したりするまでの必要はなく，防火区画の不備とそれによる問題点を指摘して，改修設計の範囲に追加することの判断をBに促せば足りると考えます。

設計図書等を保管できる状態で取りまとめておくこと

　本ケースは，保存していた設計図書と現況が，異なる点が問題になりましたが，改修工事においては，そもそも設計図書（竣工図，法規チェック，構造計算書）等の保存管理が十分でない場合が非常に多いように思います。特に，確認申請を行っていない場合，小規模な改修工事の場合，工事内容の記録が何も残っていない場合もあります。

　設計図書等は，現在の建物の状況を（一応は）示すものであり，売買や賃貸借，担保設定契約などの際の建物の評価の基礎資料となります。また，仮に，事後に確認申請が必要な工事を行う場合，既存建物の適法性（既存不適格性）を証明する重要な証拠となります。

　したがって，施主に対し，設計図書等は施主にとって非常に重要なものであること，きちんと保管すべきことを説明し，きちんと保管できる状態で取りまとめて引渡すことも，設計者のなすべき業務であると考えます。

Q30：既存部分に集団規定の瑕疵発見！どう対処すべきですか？

A 増築や大規模の修繕に当たる工事，すなわち，（いわゆる四号建築物である場合を除き）確認申請が必要となる規模・内容の工事を行う場合，設計者は，建物全体の適法性について確認を行う必要があります。したがって，既存建築物の集団規定違反の見落としは債務不履行に当たる可能性もあります。

もっとも，集団規定違反について，施主があらかじめ知っていながら，設計者に告げなかった場合には，過失相殺によって損害賠償の一部が否定される可能性があります。

例えば，次のようなケースを考えてみましょう。

一級建築士Aは，テニスコートのオーナーBから，築35年のクラブハウスの耐震改修，内外装工事および屋根をやり替える内容の設計を依頼されました。主要構造部の半分以上を改修する工事ですが，木造平屋建で床面積が100m^{2}以下であるため，確認申請は不要といわれました。

ところが，工事がほぼ完了した頃，建築主事から，本件建物は入口の庇が道路境界線を越えて道路上に30cmはみ出しているので，庇の一部を撤去しろといわれてしまいました。建築主事は，オーナーBに対し以前から越境を指摘していたそうです。庇の撤去に際し，Bは，一級建築士Aが見落としたのが悪いといって，発覚の遅れにより竣工引渡が遅延して生じた損害について，損害賠償を求めています。

一級建築士Aは，オーナーBに対し，上記損害を賠償しなければならないでしょうか。

確認申請が不要な大規模修繕工事で，建物の適法性について，設計者はどのような責任を負うのか？

Q29で検討したとおり，増築，大規模の修繕，大規模の模様替および用途変更に当たる改修工事を設計する場合，通常，それらの工事には確認申請が必要となり，建物全体の適法性が審査されることから，設計者は建築基準法・建築士法上，および施主との関係においても，建物全体の適法性を確認する義務を負っていると考えます。

では，上記の工事に該当しつつも確認申請が不要とされる場合にも，同様の責任を負うのでしょうか。設計契約の対象となる設計業務に，特に既存建物の適法性調査が明確に定められていないことを前提として，検討します。

　建築基準法上，特殊建築物以外の用途変更や，木造2階建などの小規模建築物（四号建築物）の大規模の修繕・大規模の模様替，用途変更は，確認申請が必要とされていません。そのため，これらの建物規模・用途に関しては，改修工事に際し，改めて建物全体の適法性を確認する必要などないようにも見えます。

　しかし，建築基準法は，既存不適格建築物に対し新法（現行法）を適用することとなる場合の規定について，建物の規模・用途を区別していません。つまり，法律の改正前に建てられた既存建築物には，改正後の新法を適用しないと定めているのですが（**建築基準法3条2項**），改正後に，増築，大規模の修繕，大規模の模様替，用途変更を行った場合には，確認申請の要否を問わず，既存部分を含めた建物全体について新法を適用します（**同法3条3項，87条3項2号**）。そのため，増築などの工事をきっかけに，既存不適格建築物に新法が適用され，違反建築物の扱いになってしまう可能性があるのです。

　このことから，設計者は，確認申請が必要か不要かにかかわらず，増築，大規模の修繕，大規模の模様替，用途変更を行う場合に，建物の適法性について確認しなければならないものと考えます。

　設計者による適法性の確認の程度は，新築等，前回の確認申請を行った工事から後に工事を行っていない場合，現地において特に違法性を疑わせる事情がない限りは，当時の設計図書を前提とした，改修工事自体の適法性確認を中心とするもので足りると考えます。

　Q29で説明したとおり，設計契約上，特に既存建物の適法性調査が明示されていない場合の改修設計は，既存部分が建築当時の法令に照らし適法（既存不適格）であることが前提と考えられます。したがって，当初からの違法性や，工事監理の不備による設計図と施工の不一致は，原則として現在の所有者が負うべきリスクとなります。当時の設計監理者や施工者，施主に対し，現在の所有者が責任追及すべき問題であり，改修工事の設計者・施工者が負うべき責任ではないからです。

一級建築士Aの越境の見落としは，債務不履行か？

　本件建物は，改修工事を行うに際し確認申請は必要ありませんが，主要構造部の改修が過半に至る大規模修繕に当たることから，設計者である一級建築士Aは，建物全体の適法性について，設計図書をチェックするなどして確認を行う必要があったといえます。

　そして，入口の庇の越境は，建築当時の設計図書と施工の不一致であると考えられますが，道路上に30cmもはみ出しているのであれば，一級建築士Aにとって認識できるものであり，現地において違法性を疑わせる事情があったというべきでしょう。

　したがって，一級建築士Aは，違法性を見落としたことについての責任を負う可能性があると考えます。

是正にかかる工期遅延を誰が負担すべきか？

　オーナーBは，庇の越境を見落とした一級建築士Aに対し，竣工引渡時期が遅れたことについての損害賠償を求めています。

　前述のとおり，一級建築士Aには，庇の越境について見落とした過失（落ち度）があります。しかし，越境については，元々オーナーBも指摘されて知っており，むしろ，Bの側からAに対し注意喚起すべき事項です。そうしたBから一方的に損害賠償請求をされるのは，釈然としません。

　業務を行う側が過失により損害を生じさせた場合で，業務をさせた側にも過失がある場合，その過失を考慮して損害賠償の額を決定するというのが，「過失相殺」という民法上のルールです（**民法418条**）。お互いの過失の損害への寄与度（影響力）に応じて損害を負担し合う，「喧嘩両成敗」的な制度です。

　本件では，オーナーBは，庇の越境について，建築主事から指摘されて知っていました。しかし，Bは一級建築士Aに対し，越境を指摘することすらしませんでした。

　したがって，オーナーBの落ち度は大きいといえ，Bの請求は少なからず減額されるものと思われます。

改修工事は違法の是正を求める機会

　確認申請が不要な内容であっても，外から見てわかる程度に大掛かりな改修工事を始めると，突然，行政庁や建築主事などから建物の違法性を指摘され，是正を求められることがあります。

　行政は，違反建築物について，建築主に対し，いつでも是正命令等の措置を行うことができます（**建築基準法9条**）。しかし，是正命令等の措置は私有財産への強力な制限となる場合も多いため，普段，あまり行使されることはありません。行政が既に違反の事実を知っている場合，是正の機会をうかがっていて，是正の機会になるような大規模な工事が始まるや否や，是正を求めてくるという可能性は否定できません。

　行政が，建物の違反や工事の開始を知るきっかけで多いのは，近隣住民からの通報です。二項道路におけるセットバック不足や，道路斜線・北側斜線などへの抵触など，集団規定への違反がある場合，そして，元々近隣住民とトラブルになっているような場合に，特にその傾向が強くみられるように思います。

　行政の指導により，是正するまで，事実上，工事停止を余儀なくされる可能性もあります。

Q31：設計内容が工事予算を大幅に超えた場合、どうすべきですか？

A　設計者は施主に対し、施主の要望を実現するためには予算が大幅に超過する可能性があることについて十分な事前説明をする必要があり、それを怠った場合には、設計者は超過の金額の程度により設計見直しにかかる遅延等の損害について、債務不履行責任を問われる可能性があると考えます。

そして、説明が不十分なまま減額調整が不可能なほどの予算の大幅超過が生じ、それが原因となって、施主が工事自体を断念せざるを得なかったような場合には、設計者による設計は施主にとって何ら利益にならないとして、設計者の報酬請求の一部または全部が否定される可能性もあります。

例えば、次のようなケースを考えてみましょう。

一級建築士Aは、会社社長Bから、築35年の自社ビル（RC造）の耐震改修を含めた改修工事の設計を依頼されました。工事内容は、構造体の補強とそれに内装・設備などの更新などで、低コストでやりたいとのことでした。工事規模から、工事予算5,000万円、設計料500万円と決め、300万円の先払いを受けました。

ところが、打合せに入ると、会社社長Bは、コストのかかる補強方法やハイグレードな内外装・設備を希望し、実施設計を終了して見積を取ると、工事費が1億円もかかることがわかりました。

設計の単なる見直しでは対応できず、やり直しに近い状態で作業を行っていると、会社社長Bより「設計契約を解除するので、既払いの設計料300万円を返還せよ」と通知が届きました。

一級建築士Aは、会社社長Bに対し、設計料を返還しなければならないでしょうか。むしろ、設計料残金200万円を請求できないのでしょうか。

予算超過は設計者の「債務不履行」か？

「設計」とは、施主の要望する建物を設計図書に具体化することですが、その場合の「施主の要望」には、「工事予算」が当然に含まれます。

この点について、東京地裁平成20年10月31日判決は、設計者が債務不履行責任を負う可能性を認めています。すなわち、設計業務の不定型

性や工事予算に与える諸々の変動要素から，予定工事額が変動することは一般的にあり得ます。しかし，建物を建てるには多額の費用が必要ですし，予算には限りがあります。そのため，設計契約の趣旨において，設計者が施主の示す予算を踏まえた設計を行うとされていたのであれば，設計者は施主の予算額を確認し，それを前提とした予想工事額に基づく設計業務を行わなければなりません。

したがって，それに反して予算を大幅に超過する設計を行うことは，設計者の債務不履行に当たる可能性があるということになります。

どの程度の予算超過を「大幅に超過する設計」にあたるかは，非常に難しい問題です。

裁判例では，予算に対する予想工事費の割合（先の事案では，見積額が予算の1.7倍に上がりました。）や，設計者の行った減額提案による超過解消の程度，予算に合致させるための設計変更の程度などを考慮して，設計料の返還請求を認めたものがあります。

また，事業年度や補助金の関係上，着工時期が動かせず，十分な減額調整の時間が取れない場合もあります。この場合，予算の超過はより厳しく評価されると考えられます。

一級建築士Aは設計料を返還しなくてはならないのか？

本件では，実施設計終了時点で予想工事費が工事予算の倍にも上がっているため，設計のやり直しに近い状態で作業を行っており，未だ減額できる目途はたっていません。

また，特に耐震改修工事においては，工事着手後に既存建物に存在するリスクが顕在化し，工事費は膨れ上がる可能性が高いにもかかわらず，その場合の対策費用（予算の余裕）もありませんので，最終的に予算内で工事を行うことはほぼ不可能であると考えられます。

したがって，設計者である一級建築士Aは会社社長Bに対し，Bの指示する仕様では予算が超過することを，Bが希望を述べるのに関して十分に説明する必要があり，それを怠って勝手に予算の追加を見込んでいたような場合は，Aは債務不履行責任を問われる可能性があると考えます。

また，一級建築士Aの説明が不十分なまま減額調整が不可能なほどの予算の大幅超過が生じ，それが原因となって，会社社長Bが事業自体を断念

した場合，Aは設計料残額を請求できないだけでなく，Aの設計はBの利益にならないとして，Bの報酬返還請求が認められる可能性があります。

参考裁判例

　大幅な予算超過が生じた場合に，設計者が債務不履行責任を負うか？という問題が，設計者の報酬請求の可否という形でしばしば裁判で争われています。

　施主が着工前に工事を断念したにもかかわらず（設計図書は無駄になった），設計者からの設計報酬請求を認めた判例もありますが（**千葉地裁佐倉支部昭和47年2月8日判決**），最近では逆に，設計者に対し，すでに支払われた設計報酬を返還せよといった判決も目に付きます。

　先に紹介した東京地裁平成20年10月31日判決は，住宅を新築する予想工事費が工事予算の1.7倍に上がったため，施主が設計契約を解除し，設計者に対しすでに支払った設計報酬を返せと訴えたという事案です。裁判所は，設計者の減額提案でもなお1,000万円以上予算を超過しており，予算に合わせるには，すでに終了している実施設計を抜本的に変更する必要がある可能性が大きいこと，設計図書が施主にとって何らの利益をもたらさないこと（施主は，別の設計で当初予算より安い住宅を新築している。）などを理由として，設計者に対し設計料の返還を命じました。

　この判決には，事実認定や設計契約の法的性質に関し大いに異論もあるところですが，裁判所の認定した事実を前提とする限りでは，設計者が一定の責任を負うという結論も不合理とはいい難いように思います。設計者は，予算管理と説明に十分な注意と説明を尽くすことによって，自衛する必要があると思われます。

追加設計料の問題

Q32：施主に設計変更の追加設計料を払ってもらえますか？

A　設計者が追加の報酬請求を行うためには、設計業務範囲の拡大について施主の承諾が必要となりますが、施主の明らかな承諾がなくとも、打合せの経過などから黙示の承諾があったといえる場合には、追加設計料の請求は認められると考えます。

仮に、施工途中で既存部分の違法が見つかるなどして、設計変更の必要が生じた場合、適法化のために是正工事を設計する業務は、（黙示の承諾により行う）当初契約の追加・変更に当たるものとして、認められる可能性が高いと考えます。

例えば、次のようなケースを考えてみましょう。

一級建築士Aは、会社社長Bから、築35年の自社工場の耐震改修と、それに付随する内外装・設備のやり替えの設計を依頼されました。工事予算を基準に、設計料を1,200万円と決め、契約書を交わしました。

ところが、設計開始後、既存建物に違法な改築などさまざまな問題が見つかりました。打合せの結果、会社社長Bは、費用はかかってもそれらの適法化の工事を併せて行うと決断しましたが、工事費は1.5倍に膨らみ、設計期間・設計図の量は当初予定した倍になってしまいました。

設計業務の追加・変更について、一級建築士Aは、会社社長Bに対し、追加の設計料を請求することができるでしょうか。

設計報酬とは契約に基づく業務の対価である

設計報酬とは、設計契約によって定められた業務に対する対価としての報酬です。

設計契約が法律上のどの類型に当たるかについては、請負契約であるという考え方と委任契約に近いもの（準委任契約）であるという考え方がありますが、いずれにせよ、業務委託契約、すなわち、いくらの金額で「頼みます」「わかりました」という合意があってはじめて決定した報酬請求権が得られることになります（報酬額については、「相当額」とする合意も認められます。）。これが、法律の原則的な考え方です。

もっとも、設計業務は、およそ定型的ではないことから、元々の業務範

囲が曖昧である場合や，途中で発生する非定型的業務が業務範囲に含まれるか否かなど，設計料に対応する設計業務の内容や範囲について双方の理解に齟齬（違い）が生じ，トラブルになるケースが多くみられます。

設計料トラブルを回避するために

　まず，当初契約の契約書において業務範囲を明確にしておくことが重要であるのはいうまでもありません。特に，改修など既存建物の存在を前提とする契約の場合，設計においても既存建物の実情が設計図書や予想と食い違うことや，確認申請等の諸官庁手続きにおいて当初の想定外の調査報告を求められることなど，さまざまなリスクがありますので，それらのリスクを踏まえ業務範囲の最大値やリスク分担を細かく示しておくべきでしょう。

　仮に，それらのリスクが顕在化し，設計者が当初決めた範囲外の業務を行う場合，本来であれば設計契約の追加（変更）を行うべきであり，範囲外の業務が発生することがわかった時点で，施主に対し，契約の追加を申入れ，承諾を得るべきことが原則となります。また，契約の追加手続きとしては，範囲や費用を明確にした上で書面を交わすのが王道です。

　しかし，小さな追加についてはその都度，それらの手順を踏むのが困難であるのも事実です。

　そこで，設計者としては，施主に対し，契約締結時点において，当初の契約になかった業務が発生する可能性があること，その場合，相当額の設計報酬を追加で請求することになることについて説明しておき，かつ，追加業務が生じた時点で追加請求が生じることを説明し，少なくとも異論がなかったことを議事録に記載しておくなど，最低限の手順を踏むべきでしょう。

設計契約の追加・変更がない場合，一切の報酬を請求できないか？

　では，上記のような手続きを踏まずに追加業務を行ってしまった場合，設計者は，何ら報酬を請求することができないのでしょうか。施主から追加契約に難色を示されながらも，設計者がプロジェクトの流れの中で追加の業務を行わざるを得ないケースは多いと思いますが，設計者の行為によって施主が利益を受けている場合には，報酬請求を認めなければ不公平でしょう。

そこで，設計者の追加業務が，客観的に見ても施主のためにする意思をもって行ったと認められる場合には，商法512条に基づく商人の報酬請求権として，設計報酬の請求を認める余地があると考えます。

一級建築士Aの請求は認められるのか？

一級建築士Aが依頼を受けたのは，耐震改修工事と内外装等のやり替えであり，設計契約締結時点では，既存建物の違法な改築などのさまざまな問題は明らかになっていませんでした。もしかしたら，会社社長Bは問題について把握していたのかもしれませんが，少なくともAは具体的に認識していませんでした。

そのため，当初契約の設計業務範囲には既存建物の適法化工事の設計業務は含まれておらず，一級建築士Aが行った適法化に関する設計業務は，当初契約の追加・変更に当たるというべきでしょう。

さらに，一級建築士Aが追加設計料の請求を行うためには，設計業務範囲の拡大についてA・B間の合意が必要です。

本件では，当初契約の設計料は，当初予定されていた工事の予算から決定されています。また，会社社長Bの決断により予算超過を覚悟の上で適法化工事を実施することとし，設計料の基準としていた当初の工事予算から工事費が1.5倍にも膨らんでいるという事情があります。

そのため，設計契約の追加・変更に関して，会社社長Bの黙示の承諾があったと考えられます。

したがって，一級建築士Aの会社社長Bに対する追加設計料の請求は，認められると考えます。

第3章……………

施工者が改修工事で遭遇するトラブル

改修工事でありがちな追加変更工事の
トラブルを避けるうえでは, 施工者と施主との
法律関係を決する工事請負契約が重要です。
また, 設計者・監理者や近隣との関係で
注意したい点について説明します。

01 | 施主との関係を決する「契約」

施工途中での契約解除（施主編）

Q33：施主が，開始したばかりの工事を「中止しろ。」と言ってきました。この場合，施工済部分の工事費や発注加工済の資材の費用を施主に請求することはできますか？

A 施主（注文者）は，施工者（請負人）が仕事を完成しない間は，いつでも損害を賠償して契約の解除をすることができるとされています（民法641条）。

したがって，施工者は，施主による解除によって生じた損害として，施工済部分の工事費や，発注加工済の資材費などを損害として賠償することを施主に請求することができます。

また仮に，施主が，施工者の債務不履行を理由に解除を行った場合であっても，建築工事の請負契約の解除は，請負契約のうち未だ履行していない部分の一部解除であると理解されておりますので，施工者は施工済部分の工事費については施主に請求することができます。

もっとも，施主から施工者の債務不履行に基づく損害賠償請求を受けた場合には，施主への請求金額は，施主からの請求金額との間で相殺されることによって減額されてしまうこともあります。また，施工者の債務不履行によって施主の被った損害額が，施主への請求金額を上回る場合は，施工者が施主にその超過分を支払わなければなりません。

例えば，次のようなケースを考えてみましょう。

施工会社Bは，施主Aから自社ビルの耐震改修工事を請負いましたが，次のような理由で，施主Aは契約を解除したいと考えています。

ケース① 施主Aの経営状況が急速に悪化したため，Aは，自社ビルを撤去して土地を売却することになり，工事は不要となってしまいました。

ケース② 施工会社Bは，耐震改修工事に必要な解体まで行いましたが，施工管理が杜撰で，設計図と異なる位置の耐震壁を破壊するなどの施工ミスが相次ぎ，予定された工期を大幅に超過してしまいそうです。

民法641条に基づく注文者の契約解除権

　請負契約は，もともと施主の必要に応じて，施主の利益のために締結されるものですので，契約締結後の事情の変更によって，施主にとって仕事の完成の必要がなくなった場合にまで仕事を完成させても無意味ですし，社会的にみても不経済です。例えば，ケース①のような場合です。

　そこで，民法は施工者が仕事を完成させるまでの間に限り，施主に，自由に契約を解除する権利を認めていますが，この場合，施主の都合で契約を解除するわけですから，施主は，施工者に生じた損害を賠償しなければなりません（**民法641条**）。

　その内容としては，原則として，施工者がすでに支出した費用のほか，施工者が仕事を完成していれば得られたであろう利益も含まれることとなりますので，施工者は少なくとも施工済部分の工事費については施主に請求できると考えられます。

　ただし，発注加工済の資材費用については，当該資材が他の工事に容易に流用可能である場合などには，損害の範囲から除外されることがあります（**福岡地裁昭和58年11月25日判決参照**）。

　他方，施工者が，契約を解除されたことによって費用の支出を免れたり，手配した材料を他に売却したりしたことによって対価を得たときは，いわゆる損益相殺の法理により施主に請求することのできる施工者の損害額から施工者が得た金額が控除されることがあります。

債務不履行解除の範囲

　施工者に請負契約における債務の不履行が認められる場合，施主には請負契約の解除権が発生します（**民法541条**）。ケース②のような場合です。

　そして，契約が解除されると，契約に基づいて発生した注文者と請負者との関係は消滅し，未履行債務について履行する必要がなくなる一方，既に履行したものがあるときは，相互に返還するなど原状回復をすることになるのが原則です（**民法545条**）。

　この原則に従えば，施工者は，解除までに受領した前金を返還し，施工済の出来形部分については取り壊さなければならず，当然，施工済部分についての工事代金を請求することも認められないということになりそうです。

しかし，建築工事の請負契約においては，契約を解除したからといって，一度工事したものをすべて撤去することは社会経済的損失が大きく，また未完成工事であってもそれなりの価値を持っていることが多いことから，判例では「工事内容が可分であり，かつ当事者が既施工部分の給付に関し利益を有するときは，特段の事情のない限り，既施工部分については契約を解除することができず，未施工部分について契約の一部解除をすることができるに過ぎないものと解するのが相当である。」とされています（**最高裁昭和 56 年 2 月 17 日判決**）。

このような考え方に従うと，工事内容が可分であり，かつ後工事の際に既施工部分を利用することができるなど，既に施工した部分に利益がある場合には，施主による解除は未履行部分のみの一部解除であるとして，施工済部分は解除されないこととなりますので，施主に対して，施工済部分の工事費を請求することができることになります。

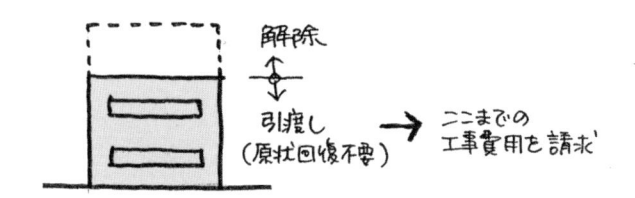

ケース②の場合，施工済の工事のうち，耐震改修工事にとって必要な解体工事は，工事内容として可分かつ施主Aにとって利益があるといえ，その分の施工会社Bの報酬請求が認められる可能性が高いといえます。
　しかし，他方で，施主Aには，誤って設計図と異なる位置の耐震壁を破壊したことなどによってAに生じた設計変更のための費用，補修費用相当額の損害が生じており，Aは，施工会社Bにその損害賠償を請求することができると考えられます。

　したがって，施工会社Bの既施工部分についての工事代金請求権と施主Aの損害賠償請求権とが対当額で相殺されることにより，Bの請求金額は減額され，さらにBの負担することとなる支払い義務が，Aへの請求金額を上回る可能性もあります。

債務不履行解除の主張と注文者の任意解除権による契約解除との関係

　裁判において，施主が，施工者の債務不履行による契約解除（**民法541条**）のみを主張し，注文者の任意解除権による契約解除（**民法641条**）を予備的にも主張していなかった場合で，施主が主張した施工者の債務不履行が認められなかったときにも，その解除の意思表示が，注文者の任意解除権による解除の意思表示として認められ，解除の効果が発生するのかという問題があります。

　施工者の債務不履行が認められるか否かにかかわらず，いずれにせよ契約が解除されるのであれば，施工者としては，施主から解除が主張された時点で工事を中止しておくべきという判断になるでしょう。

　この点に関し，判例は，解除の効力を否定するものと考えられていますが（**大審院明治44年1月25日判決，大阪高裁昭和55年8月8日判決**），解除を認める裁判例も存在するため（**東京高裁昭和59年11月28日判決，東京地裁昭和50年4月24日判決等**），結論は必ずしも明らかではありません。

> 工事途中での契約解除（施工会社編）

Q34：施主による変更や未決定事項が多過ぎて，工事が中断してしまい，一向に進みません。施工者側より，工事を途中で辞退することはできますか？

　A　施工者は，工事請負契約に基づく工事完成義務を負っていますので，その義務を免れるためには，契約を解除する必要があります。

　施主に明確な債務不履行がなく，施主の度重なる設計変更や長期に渡る決定保留が契約上の解除原因ともされていないとなると，請負契約を解除することは困難である場合が多いですが，施主が重大な決定を怠ったことで施工者が工事を進めることが不可能になるなど，施主の対応が，施主の債務不履行と評価できる程度に至っている場合には，施工者からの債務不履行解除が認められる場合があります。

例えば，次のようなケースを考えてみましょう。

　施工会社Bは，施主Aの所有している工場の耐震改修工事を，調査・設計業務を含めて請負いました。

　ケース①　施工会社Bは，内装などの解体工事後，躯体の調査を行い，耐震改修の方法をいくつか提案しましたが，施主Aになかなか決定してもらうことができず，そのうちに決定権のあるAの経営者が海外へ長期出張に出てしまい，協議にも応じてもらえなくなってしまいました。

　ケース②　施工会社Bは，施主Aが工場内に設置している生産設備の移動を行った後に，耐震補強の工程に入ることになっていましたが，いつまでたってもAがこの設備を移動してくれません。

　前述のとおり，施工者は，工事請負契約に基づき，請け負った工事を完成させ施主に引渡す義務を負っていますので，その義務を免れるためには，契約を双方の合意の下で解除するか，施主の債務不履行を理由に解除する必要があります。

　工事請負契約における施主の債務とは，工事代金の支払いですから，契約に定められた期日までに定められた金額を支払わない場合，例えば，着工や上棟までに支払うべき一定の割合の工事代金を支払わないような場合は，契約を解除することができます。

もっとも，原則として，代金支払いを支払期日までに行っていれば，施主の側の債務不履行は認められませんので，施主が大いにわがままを言って現場監督を困らせたとしても，工事を途中で辞退するのは難しいという実情があります。

工事請負契約約款による解除

民間連合協定・工事請負契約約款（平成 23 年 5 月改正）を用いて請負契約を締結している場合，施主が仕様を決めないなど協議の必要があり，協議にすら応じないようなケースでは，施工者側から解除できる場合があると考えられます。

まず，同約款 16 条は，「a　図面若しくは仕様書の表示が明確でない」ときには，請負者（施工者）は書面をもって監理者に通知するとされ（**同 16 条（1）**），この通知を受けた監理者は書面をもって請負者に対し指示をしたうえで（**同 16 条（3）**），それに関し「工事の内容，工期又は請負代金額を変更する必要があると認められるとき」は，発注者（施主），請負者及び監理者が協議して定めるとしています（**同 16 条（4）**）。

つまり，図面や仕様書の不明確な部分については，請負者は，工事監理者を通じて発注者・監理者との協議を申入れ，決定を求めることができることになります。

また，この申し入れに発注者が応じず，仕様が確定しない場合は，「発注者が正当な理由なく第 16 条（4）による協議に応じないとき」に該当し，請負者は，相当の期間を定めて催告した後，工事を中止することができ（**同 32 条（1）b**），中止期間が「工期の 4 分の 1 以上になった時又は 2 カ月以上になったとき」には，契約を解除することができるとされています（**同 32 条（4）a**）。

つまり，施主が正当な理由なく協議に応じないことで，工事に支障が生じる場合には，工事を中止でき，その期間が長期化した場合には，施工者の側から契約を解除する余地があるということになります。

解除等が認められる例外的な場合

上記の民間連合協定・工事請負契約約款を用いておらず，また，同様の規定を契約書に定めていない場合には，上記のような約定解除権は認められず，施工者の解除権を導くことは容易ではありません。しかし，施主が

仕様を決めようともしないような場合にまで，施工者が一方的に待たなければならないというのも不合理です。

　裁判例の中には，施主が施工者に対し，工事中止の指示後，工事再開を指示しなかったというやや特殊な事例ではありますが，施工者が行った契約解除の効力が認められた事例もあります（**名古屋地裁昭和52年12月26日判決**）。

　この裁判例は，請負契約の施主（注文者）において，施工者（請負人）に対し指示を行うなど，契約の目的を達成するために必要な事項について，施工者に協力する信義則上の義務を負う可能性があることを認め，それを怠った場合には，施主の債務不履行として請負契約の解除原因となると判断したものといえます。

　ケース①は，これに当たる可能性がありますが，裁判所は，請負契約に明確に定められていない解除原因を認めることには慎重な態度をとることが多いですので，実際には，施主Aによる決定がない場合に一部でも工事を進行させることは可能か，Aによって工事が中止された期間はどの程度かといった諸般の事情を考慮して施工会社Bによる解除の可否が判断されることになるでしょう。

　施工者による解除が認められる場合，Q33で述べたとおり，工事内容が可分であり，かつ当事者が既施工部分の給付に関し利益を有するときは，特段の事情のない限り，未施工部分のみを解除することができると理解されていますので，施工者は，解除の対象とならない施工済部分の工事代金について，施主に請求することができます。

　また，上記の施主の義務違反，例えば，打合せに応じず，指示も行わず，長期間にわたり工事をストップさせたことなどによって，施工者に損害が生じた場合には，施工者から施主に対し，債務不履行に基づく損害賠償請求を行うことが可能です。

　さらに，判例では，施主が前工程を行わなければ，施工者が工事に入れない場合に，施主が前工程を怠っているなど，特別の事情がある場合には，施工者の建物の完成義務はもはや履行不能に陥っているとして，請負契約は消滅し，施工者は施主に対し，未施工部分も含めて全額の報酬請求をす

ることができると判断したものもあります（**最高裁昭和 52 年 2 月 22 日判決**）。ただし，この場合には，施工者が，同時点で自らの残債務を免れたことによる利益を施主に返還する必要があります。

　ケース②は，これに当たる可能性がありますが，こちらも施主Aが設備を移動させない理由や，それによる遅滞の程度，他の工程を先に進めることが可能かどうかなどのさまざまな要素を検討して，判断されることになりますので，必ずしも契約の終了という結論が導かれるとは限らないことに注意する必要があるでしょう。

参考判例・裁判例

名古屋地裁昭和 52 年 12 月 26 日判決
　「工事請負契約の成立が認められる以上注文者たる被告としては請負人たる原告に対し相当と認められる期間内に当該工事に着手することを指図して同人の請負人として負担する義務を履行させ契約の目的を達成することに協力する義務を負うものであり，これをしないまま漫然と契約関係を不確定な状態に放置しておくことは信義誠実の原則に反し許されないものというべきであって，この義務の懈怠は注文者の側における債務不履行として契約解除の原因となるというべきである。」

最高裁昭和 52 年 2 月 22 日判決
　冷暖房工事を請負った設備業者が，施主が防水工事を行わないために，ボイラーを設置することができなかった事案。「請負契約において，仕事が完成しない間に，注文者の責に帰すべき事由によりその完成が不能となった場合には，請負人は，自己の残債務を免れるが，民法 536 条 2 項によって，注文者に請負代金全額を請求することができ，ただ，自己の債務を免れたことによる利益を注文者に償還すべき義務を負うにすぎないものというべきである。」「本件冷暖房設備工事は，工事未完成の間に，注文者の責に帰すべき事由により被上告人においてこれを完成させることが不能になったというべき」と判断しました。

契約締結段階の注意義務（施主編）

Q35 請負契約直前に，施主から工事発注を中止された場合，契約に先行して材料などを発注した費用を請求できますか？

A 契約の拘束力は契約の締結時から発生しますので，請負契約の締結までは，施主からも施工者からも自由に工事を辞退できるのが原則です。

しかし，施主が施工者に契約締結の強い期待を抱かせ，施工者が，その期待に基づき，費用の発生する準備を行ったにもかかわらず，後になって突然，契約を締結しないと態度を翻し，施工者に損害が生じた場合には，施工者は施主に対し，損害賠償請求できる可能性があります。

例えば，次のようなケースを考えてみましょう。

施工会社Bは，施主Aが購入した中古ビルの耐震補強工事を請負う前提で，調査・設計を実施し，調査報告書と設計図書を納品しました。

施主Aが竣工を急かしたため，施工会社Bは，工事の見積作成と並行して，やむなく工事に必要な材料を発注し加工に入りました。もちろん，Aに対して，発注と加工を行うことを伝えていました。

しかし，施主Aは，その後，当該工事を大手の施工会社Cに発注することにしたとして，施工会社Bに対し，契約しない旨を伝えてきました。

「契約締結上の過失」という考え方

契約が締結されている場合は，当事者は契約に基づく請求をすることができます。これに対し，契約が締結されていない場合は，相手方に何も請求できないのが原則です。

しかし，例えば施主が間違いなく建築工事を発注するという態度を取りながら，契約書を取り交わす直前の段階になって突然契約の締結を拒否した場合のように，一方当事者に不誠実な点がある場合に，相手方を信頼した他方当事者が何も請求できないとしたのでは不合理です。本件でも，施主Aに急かされて材料の発注や加工に取りかかった施工会社Bが，Aに対して何も請求できないとなると，施工会社Bにとっては酷といえるでしょう。

こうした不合理性を解決するために，「契約締結上の過失」と呼ばれる考え方によって，一定の場合に限り，一方の当事者からの損害賠償請求が

認められると考えられています。

　契約を締結するための交渉段階に入った当事者は，一般市民間の関係と異なり，緊密な関係にあります。そこで，このような関係にある者は，相互に相手方に損害を被らせないようにする信義則上の義務を負っており，その義務に違反して相手方に損害を被らせた場合は，その損害を賠償する義務を負うと考えるのです。

契約締結上の過失が認められる事情

　契約締結上の過失が認められるのは，一方当事者が，契約を締結することが確実であると思わせるような発言・行動をとり，相手方がこれを信頼し準備行為を行っていることを，その一方当事者が知っているような場合です。

　例えば，分譲建物の購入予定者が，購入が確実であるかのような言動を行い，購入することを前提とした設計変更内容を伝えるなどしたため，分譲建物の売却予定者が，契約を締結してもらえることが確実であると信じて，電気容量をアップさせる設計変更などを行った事案において，購入予定者が上記設計変更などを行うことを容認しながら，交渉開始6か月後に至って自らの都合により契約を結ぶに至らなかったという事情の下では，購入予定者は売却予定者に対し損害賠償義務を負うと判断された事例があります（**最高裁昭和59年9月18日判決**。ただし，売却予定者側の過失も認め，過失相殺の上，損害額の5割の請求を認めました。）。

　判例・裁判例によれば，交渉が破棄された場合において契約締結上の過失が認められるためには，①ある程度交渉の成熟度が高まった後の交渉破棄であること，②交渉破棄に正当な理由がないなど信義則に反する事情があることの，2つの要件を満す必要があると考えられます。

　①については，契約書を交わす，といった契約行為が介在する場合と異なり，当事者間の関係は，実質的な交渉を開始した時点を起点として，交渉の段階に応じて徐々に緊密になっていくものであるため，当事者に信義則上の義務を認めるためには，ある程度交渉が進んだ段階である必要があります。

　契約締結上の過失が認められる程度に，交渉が成熟した段階にあるのか

の考慮要素としては、例えば、代金・契約内容（請負契約の場合、建築する建物の具体的仕様など）の確定がなされていること、内金あるいは証拠金が支払われていること、契約の実行に必要な行政庁との交渉など、準備行為が開始されていること、契約締結の日時等が決められていることなどが挙げられます。

また、②の信義則に反する事情に関する裁判例によれば、契約により事業者としての信用を棄損するおそれがある場合（**東京地裁平成6年4月26日判決**）、契約達成に必要な許認可が得られない場合（**東京地裁昭和57年2月17日判決**）などには、正当な理由があると判断される傾向にあります。その他、信頼を惹起する先行行為があることや信頼を裏切る行為があることなどが、信義則に反する事情として考慮されています。

本ケースでは？

施工会社Bは、施主Aの希望する時期の竣工を実現するために、やむなく、Aに伝えた上で、補強に必要な資材の準備を契約締結に先行して始めており、A・B間の交渉は相当成熟した状況にあったと考えられます（①）。また、施主Aは別の施工会社Cに工事を発注するとしていますが、施工会社Bに発注しないとする合理的な理由は見受けられません（②）。

したがって施主Aに契約締結上の過失が認められ、施工会社Bは、資材費等の損害賠償を請求できる可能性があると思われます。

参考判例

最高裁昭和59年9月18日判決

事案は以下のようなものです。

Xがマンション建築を計画し、着工と同時に買受人の募集を始めたところ、Yから買受希望があり、Yはなお検討するので待ってもらいたい旨を述べ、Xに10万円を支払いました。また、Yは、Xに対し、歯科医院を営むための注文を出したり、レイアウト図を交付したりしました。

その後、Yから本件マンションの電気容量はどうなっているかとの問い合わせがあったので、Xは、Yの意向を確かめないまま、本件マンションの電気容量が不足であると考え、受水槽を電気室に変更するよう指示した上、Yに対し電気容量変更契約をしてきた旨を告げ、これに伴う出費分をYの購入代金に上乗せすることを述べましたが、これに対して、Yは特に異議を述べませんでした。Yは、その後、Xに対し購入資金の借入申込みの必要書類として見積書の作成を依頼しましたが、結局、交渉開始から6か月後に、購入資金の毎月の支払額が多額であることなどを理由に、買い取りを断りました。

最高裁判所は、原審の事実認定を前提として、Yの契約準備段階における信義則上の注意義務違反を理由として、Xの損害賠償請求を認めました。ただし、Xの過失も認め、過失相殺の上、損害額の5割の請求を認めました。

契約締結段階の注意義務（施工者編）

Q36：請負契約前であれば，施工者から自由に工事を辞退することはできますか？

A 請負契約締結までは，契約の拘束力は生じませんので，施工者の側からも自由に工事を辞退できるのが原則です。

しかし，Q35と同様に，施主に契約締結の強い期待を抱かせ，施主が，その期待に基づき具体的な準備に入るなどした場合には，不適切な時期に契約を辞退したことで，施主に生じた損害について損害賠償義務を負う場合があります。

例えば，次のようなケースを考えてみましょう。

施工会社Bは，施主Aが購入した中古ビルの耐震補強工事を請負うことを前提として，先行して調査・設計業務委託契約を結び，それらの業務を実施しました。その結果をふまえ，BはAに対し「本年中には間違いなく竣工できる」との説明を行い，Aはその説明を信じて，当該ビルへの転居を見越して，従前入居していたビルの賃貸借契約の解約を申し入れました。

しかし，設計図書と見積内訳書も整い，工程工事金額も決定して，あとは工事請負契約を締結するだけの段階になって，施工会社Bの見積金額に不足があることがわかり，施主Aの予算ではとても耐震補強工事を行うことができないことが発覚しました。Aがあくまで当初の予算内の工事にこだわった場合，BはAとの契約を断ることができるのでしょうか。

本ケースの問題点

施主Aと施工会社Bは，耐震補強工事自体の請負契約を締結していません。工事の請負契約とは別に，先行する調査・設計業務委託契約を締結していることから，調査・設計を行った時点では，Bが工事を請負うことについて，A・B双方の確定的な合意（契約）は成立していないと考えるべきでしょう。したがって，Bは，先行して調査・設計を行ったからといって，工事を請負わなければならないということにはなりません。

もっとも，契約を締結するための交渉がある程度進んだ段階での不当な交渉破棄については，Q35で述べた「契約締結上の過失の法理」による損害賠償請求が認められる場合があります。

契約締結上の過失の判断

　Q35でも述べたようにある程度契約交渉が成熟した段階で、一方の当事者が契約の締結を前提とした発言・行動をとり、相手方がこれを信頼して契約締結に向けた準備行為を行っていることを知っているような場合、正当な理由なく契約交渉を破棄すると、相手方に対して契約締結上の過失責任を負うことがあります。

　これは、契約締結に向けた交渉をする当事者双方に課せられた信義則上の制約ですから、契約交渉を破棄するのが施工会社の側であっても妥当するものと考えられます。

施工者の調査不足による契約交渉段階における破棄

　請負契約の基本的な契約条件である工事代金に満足がいかなければ、契約自由の原則の下、施工者が契約を締結しなくてよいのは当然ですから、本ケースでも、予算不足を理由とする契約交渉破棄には正当な理由があるといえそうです。

　しかし、施工会社Bには、「本年中には間違いなく竣工できる」などと説明するなど、契約締結への信頼を惹起する発言・行動が見られる一方で、工事代金が予算内にとどまるものとなるのかどうかは、調査・設計の過程で、Bが調査可能な事項です。そのため、本ケースのように、Bの提出した見積金額に不足があることが判明し、これが単なる不注意による誤りという場合には、Bの契約交渉破棄に正当な理由があるとまではいい難く、Bは施主Aに対し、損害賠償義務を負う可能性も否定できません。

　他方、災害の発生等の予見不可能な事情によって、材料費が高騰し、予算内での工事が不可能になったという場合などには、施工者の契約交渉破棄には正当な理由があると考えられますから、施工会社Bは、最終段階で契約を断った場合であっても、施主Aに対し、損害賠償義務を負わないと考えられます。

既存部分の施工に関する責任

Q37：規模の小さな改修工事の施工中に、工事範囲外の既存部分の法令不適合を発見してしまいましたが、何か対応する必要がありますか？

A 既存建物について現在の建築基準法に適合させる義務が発生しない規模・内容の改修工事を行う場合（増築・大規模修繕等に当たる場合の建築主の適法化義務については、第2章Q16参照）、施工者は、原則として、請負契約の対象となる部分以外の法令に適合しない箇所について、法的責任を負うものではありません。

しかし、工事と一定の関連性が認められる部分に不適合箇所があることを知り、それを説明しないことによって、施主に重大な不利益が生じ得るような場合には、施工会社として、不適合箇所の存在について、説明すべき法的責任を負う可能性があると考えられます。

例えば、次のようなケースを考えてみましょう。

施工会社Bは、マンションの一住戸であるA宅について、内部をスケルトンにして行う改修工事を請け負い、工事を行っていたところ、以下の①、②の理由で既存部分の法定の防火区画がなされていないことを発見しました。

ケース①　エントランスホールの常時開放の防火扉が故障しており、火事が発生しても閉まりません。

ケース②　A宅の床下にある床スラブに穴があり、床下と下の階の住戸の天井裏とつながっています。

請負契約に基づく責任の範囲

耐震改修などの改修工事の請負契約は、施工者が設計に沿った（設計図書に記載された）改修工事を行うこと自体の義務を負うというのが、原則です。

ただし、工事の規模や内容、請負契約によって、当初予定された工事範囲以外に関して法的責任が発生する場合もあり得ると考えられます。

まず、既存部分の適法化が義務付けられる増築・大規模修繕等の工事に関しては、当初予定した工事の範囲外であっても、建物全体の法令不適合

部分が是正されなければ，施主の目的が果たせず，施工者の工事としても不完全とみる余地があります。請負契約で約束した工事の完成が，建物全体が適法であることを前提としているのであれば，施工者が法令不適合箇所を発見した場合，工事範囲外であっても，報告し是正（工事の追加）を求める必要があると考えられます。

一方，既存部分の適法化が義務付けられない規模の工事・内容の場合，設計図書に沿った改修工事を行えば，一応完全な工事として完成したと評価してよいと思われます。そのため，工事範囲外の既存部分の法令不適合について，施工者が法的義務を負うものではないと考えます。

請負契約外の事項の説明義務

もっとも，工事の範囲外の事項について，専門家として信義則上の説明義務を負う場合があります。

設計・工事監理者の説明義務については第2章で説明しましたが，施工者も建築の専門家ですので，施工に当たっては，当該建物にかかわった建築の専門家として相当の振る舞いを期待されており，それを怠った場合には，信義則を根拠として，法的責任を問われる可能性があるのです。

つまり，施工者は，工事範囲外の既存部分に関する事項であっても，その存在につき説明する信義則上の義務を負う場合があると考えます。

どのような場合に説明義務を負うか？

工事の範囲外の事項について，信義則上の説明義務を負う場合があるとしても，当該建物について知った事項のすべてを説明すべきというわけではありません。

例えば，リフォーム工事を請け負った施工者が，老朽化によるガス漏れなど危険のある白ガス管が埋設されていることを工事途中に知ったものの，これを放置してその地上にコンクリート工事をしたため，白ガス管交換工事費用を増大させたという事例があります（**後掲：川越簡裁平成24年2月14日判決**）。裁判所は，白ガス管が法令上，交換が義務付けられていたという事実を前提とし（実際には，新設が規制されているのみで，過去に設置したものについて交換義務はありませんが，危険性が指摘され腐食に強い管への交換が推奨されています。），施工者は，白ガス管の埋設を知った時点で，白ガス管に関する情報提供義務を信義則上負うと判断しました。

この事案の場合、発見した法令不適合が、地中であり発見が容易ではないこと、施工者が工事を行った後は交換が困難となること、老朽化したガス管という具体的な危険性をもった不適合であることなどの特殊な事情がありました。

この点から、説明義務を負うのは、現に施工者が認識していた事項であって、かつ、同一建物内であるなど工事との一定の関連性が認められるもののうち、他に指摘できる者がいないなど、説明をしないことによって施主の生命・身体・財産に重大な損害が生じ得る場合に限られるべきと考えます。

本ケースでは？

ケース①の防火扉の故障は、火災の延焼を防止できなくなり、施主Aに重大な損害が生じ得るともいえますが、共用部分であって工事との関連性も薄いうえ、発見も容易であるため、施工会社Bが説明をしなかったことによって重大な損害が生じ得るとまではいえません。

一方、ケース②の床スラブの穴は、A宅内部に位置しており、施主Aに重大な損害が生じ得る可能性も低くありません。また、施工会社Bが内装工事を行ってしまった後では、発見も修理も著しく困難です。したがって、穴の大きさなど、不具合が存在し続けることによる具体的な不利益の程度によって、Bに説明義務が認められると考えます。

施工会社Bは、施主Aに対して説明を行うべきでしょう。

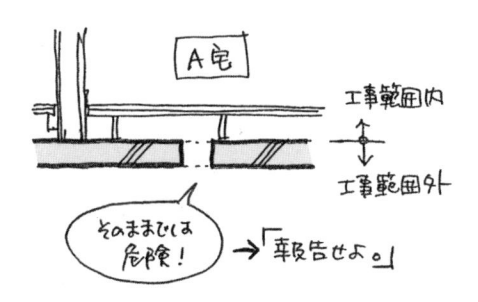

参考裁判例

川越簡裁平成24年2月14日判決

「原告は，原告宅のリフォーム工事を注文した一般消費者であるのに対し，被告はリフォーム工事を請け負う業者であるから，工事に関する情報や専門知識に大きなアンバランスがあり，本件契約内容にすべての白ガス管を交換することが含まれていたかはさておき，たとえ，全ての白ガス管交換が契約内容でなかったとしても，原告としては，法令により経年老朽化により交換が義務付けられ使用が禁止されている既存の白ガス管の交換を推奨されていることの情報提供があったなら，原告はこの際に危険性のある白ガス管を交換することを望んだであろうから，被告としては，本件工事中に白ガス管の埋設を知った段階で，白ガス管についての情報提供義務が課され，契約条件を改定するための再交渉を行うべきであるのに，契約内容の重要事項である白ガス管埋設部分を放置したまま，その地上にコンクリート工事をし，その後の白ガス管交換工事に費用を増大させたことはあまりに不合理であり，被告には本件契約の工事中説明義務を怠った信義則違反があると認められる。」

※ 本文中にあるように，工事の時から現在まで，既存埋設白ガス管を交換すべき法的義務はありません。

工事中の追加変更契約の手順

Q38：追加変更工事代金を支払ってもらうためには，何に注意すればよいですか？

A 施主の要望により追加変更工事が行われた場合には，原則として，追加変更工事代金を請求することができます。しかし，当初の契約の範囲や，当初の契約になかった工事がどのような趣旨で行われていたかは事後的に争いになることが多く，当該工事が実施された趣旨が争われた場合，「追加変更工事であること」の立証に難渋することになります。

そのため，当初の工事請負契約に基づく工事内容，追加変更工事請負契約に基づく工事内容・注文時期などの契約関係を，書面にて明確にしておくことが必要です。

追加変更工事費用の発生根拠

建築工事の請負契約において，請負人である施工者は，約定した工事を約定した金額で完成させ引き渡す義務を負います（**民法632条**）。そのため，当初契約の範囲内の工事であれば，工事中に部材価格の高騰などの事情が生じても，約款に特別の約定がある場合等でない限り，原則として代金増額請求をすることはできません。

一方，当初契約内容に定められた仕様からグレードアップする場合や新たな工事箇所の追加など，当初契約の範囲外の工事に該当し，新たな請負契約の締結が認められるのであれば，追加変更工事の代金請求権が発生することになります。

そのため，追加変更工事の請負契約を工事請負契約書，注文書・注文請書のやりとりなどにより締結することが何よりも重要ですが，追加変更工事の内容を特定し，速やかに追加変更工事請負契約を締結するためには，当初契約内容の対象，範囲をいかに特定し，施主に説明したかという点が重要となります。一般的には数量，単価を明記した見積明細書，各種図面，仕様書等を書面化し，これらの書面を施主に交付しておけば，当該契約内容の対象，範囲について確定的に合意していると評価することができるでしょう。追加変更工事請負契約を締結する際も，同様の方法で工事内容を明確化する必要があります。

なお，建設業法上，建設工事の請負契約の当事者は，所定の必要事項を記載した書面を作成しなければならないとされており（**建設業法 19 条 1 項**），これは請負契約の内容を変更する場合も同様とされています（**同条 2 項**）。したがって，工事内容に変更がある場合には，建設業法上も，追加変更工事請負契約書を作成するか，注文書・注文請書などの書面により契約を締結することが必要ですが，単純に書面によって契約を締結すればよいというものではなく，当初から予定されていた工事と追加変更契約に基づく工事のそれぞれの内容を，できる限り明らかにしておくことが肝要です。

追加変更工事費用の請求

追加変更工事が当初の契約に含まれていないこと（要するに，当該工事が「追加変更工事」であること）は，請負人である施工者が証明しなければなりません。追加変更工事代金請求に関する紛争は，施主から「当初契約内容に含まれている工事である」と反論されるケースが多いことから，前述のとおり出発点として，当初契約内容の対象，範囲の特定が極めて重要になるのです。

また，工事が当初の契約に含まれていないことに異論がなくても，後日，代金支払いを拒まれる場合も多く見られます。施工者の認識として，追加変更と思って工事を行った場合でも，施主から工事代金の増額は認めないとの意思表示がなされていた場合や，いわゆるサービス工事として無償で行われることの黙示の合意が成立しているとみられる場合，施主の指示が工事の不具合を修正する趣旨であり，不具合の存在と修正方法の合理性が認められる場合などには，有償で追加変更工事を施工するとの合意が成立していたとは認められませんので，代金請求を行うことはできません。

こうしたトラブルを避けるため，工事を行う前に，工事の趣旨を明らかにし，追加変更工事代金の額，支払時期などとともに書面を残しておく必要があります。

改修工事に特有の問題点

耐震改修を含む改修工事においては，当初契約の範囲について明確にし難く，また，既存の建築物に手を加えるという性質上，工事途中に既存建物の施工不備などの不具合が発見され，工事の範囲が拡大するなどの事態がたびたび生じる可能性があります（既存建物の施工不備を発見した場合

の説明義務についてはQ37参照）。そのため，問題となる工事が追加変更工事であるのか，当初の契約の範囲内の工事であるのか判別し難い場合が多いという問題があります。

　そこで，契約締結に当たっては，当初契約に含まれる工事がどこまでかという線引きを重視し，既存建物の不具合の発見などにより，追加変更工事があり得ることを前提に，契約条項を整える必要があります。

　その際には，図面，既存部分の写真・記録などを駆使し，現状把握している情報について可視化し，契約で予定している工事の範囲（当初契約の範囲に含まれる工事内容は最大でどこまでか）を書面上で工事費用，工期などを含めて，明確にすること，既存建物の不具合が発見された場合の対応の仕方について，あらかじめ協議しルール化しておくことなどが重要になります。

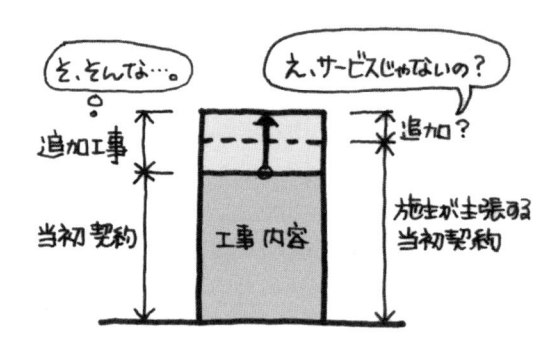

工事中の天災リスクの帰属

Q39：耐震補強工事中に地震が発生して、既存建物が損傷を受けました。補修費用を負担しなければならないでしょうか？

A　改修工事によって新たに施工している部分の損傷は、請負人の工事完成義務に基づき、施工者の負担で補修しなければなりません。

しかし、既存部分の損傷については、施工者が工事中の安全対策を怠っていなかったにもかかわらず、地震による損傷が避けられなかったという場合、原則として、施工者は責任を負わず、補修費用や工事を続行するための増加費用について、施主に請求できると考えられます。

もっとも、改修工事によって一時的に耐震性が特に低下していたような場合、施工者の安全対策の是否や、費用負担について争われる可能性があります。

請負契約上の義務としての工事中の安全対策

改修工事の請負契約においては、施工者が、改修という目的達成に必要な限度で、既存建物の「物」としての完全性を害する（損壊する）ことが認められています。もっとも、施工者が、過失によって、必要以上に既存建物を損壊する行為や、安全対策を怠ったことによって地震時に損傷などの被害を生じさせることは、施工者の債務不履行に当たると考えられます。

耐震改修工事で構造体に加工を加える場合、一時的に、耐震性が低下する可能性も考えられます。そこで、既存建物を必要以上に損壊しないために、仮の柱や補強材を用いるなど、十分な安全対策が必要となります。

なお、施工者が、建築基準関係法令等の法令を遵守し、安全な方法で施工することは、契約上、当然の前提になっているため、この点からも、施工中の安全対策は施工者の債務の一つであると考えます。

地震に対する工事中の安全対策

施工者は、工事の施工に伴う建築物の倒壊などの危害を防止するために、必要な措置を講じなければならない（**建築基準法90条**）とされています。

もっとも、仮設工事に用いる機器、資材の耐震性や、既存建物の一時的な耐震性の低下がどの程度まで許容されるかは、明確な基準は見当たらず、

耐震性の低下の程度，期間，より安全な代替手段の有無，コストなど個々の判断によらざるを得ないと考えられます。そのため，地震に対して，施工者の安全対策が十分であったか否かの判断は，難しいものにならざるを得ないと考えます。

　また，大きな地震の場合，改修工事中でないとしても，建物は一定程度損傷したと考えられることから，施工者の安全対策の是否にかかわらず，責任範囲を判断するのは困難であると思われます。

契約条項や事前説明によるリスク回避の必要性

　工事請負契約の実務上，比較的よく使用されている約款である民間（旧四会）連合協定工事請負契約約款（不可抗力による損害，**21条**）は，施主・施工者・工事監理者が重大と認めたもので，かつ，施工者が善良な管理者としての注意義務を果たしたと認められるものについては，施主が損害（補修費用等）を負担するとしています。

　また，建設工事請負契約に際して「天災その他不可抗力による工期の変更又は損害の負担及びその額の算定方法に関する定め」を書面に記載し，署名または記名押印をして相互に交付しなければならない（**建設業法19条6号**），と規定しています。

　前述のとおり，地震によって既存建物に生じた損傷の補修費用は，施工者の安全対策が十分である場合には施主が負担すべきものですが，契約書の条項に，地震による損害の原則と例外について明記しておくことは，紛争を回避し速やかに工事を再開する上で，有益と思われます。

　また，前述のように，改修工事中の耐震性について一定のリスクがあるという点は，事前に，施主に対して十分な説明を行っておく必要があると考えます。

維持管理が必要な場合の施工会社の責任

Q40：地震発生時に建物の免震装置が適切に機能せず、甚大な損害が発生しました。建物完成引渡し後の施主の維持管理が不適切だった場合でも、損害賠償義務を負うのでしょうか？

A 施主の維持管理が適切に行われることを前提として、通常備えているべき性能を有していれば、瑕疵担保責任に基づく損害賠償義務は負いません。

一方、施主に対し維持管理の必要性や方法について説明を欠いていた場合は、施主による適切な維持管理は期待できません。その場合、施工者は、説明義務違反として損害賠償義務を負う可能性があります。

維持管理を必要とする場合の瑕疵の判断

瑕疵担保責任における瑕疵とは、引渡し時において「通常備えるべき性能」を欠くことをいいますので、材料や施工の品質に問題がなく、通常の経年劣化により生じた現象は、瑕疵には当たりません。

また、引渡し後の維持管理は、特に合意がない限り、施主の責任で行うべきものであり、施工者が責任を負うものではありません。

したがって、引渡し後の維持管理を要するもので施主が維持管理を適切に行っていない場合には、通常の程度を超える劣化が生じていても、劣化の程度によっては、瑕疵に当たらないというべきでしょう。

経年劣化か瑕疵かが問題になりやすい例として、雨水の浸入を防止するためのシーリングがあります。

品確法の定める瑕疵担保責任の特則では、「雨水の浸入を防止する部分」の瑕疵担保期間は10年とされています。もっとも、シーリングについては、周辺環境によって、材料の品質・施工に問題がなくても、つまり、通常備えるべき性能を欠いていなくても、経年劣化により10年以内にひび割れ、はがれを生じ、雨漏りの原因となる可能性が否定できないといわれています。

そうした異常とはいえない経年劣化は、瑕疵には当たらないと考えられます。

なお，昨今，戸建住宅業界において，品確法の定める「構造耐力上重要な部分」や「雨水の浸入を防止する部分」について保証期間を20年あるいは30年まで延長するサービスがしばしば行われていますが，多くの場合，定期的な点検や有償のメンテナンスを受けることが延長の条件となっています。

維持管理に関する説明を欠く場合

では，維持管理に関し，施工者が施主に対して何ら説明を行っていなかった場合は，どうでしょうか。

建物の維持管理にもさまざまありますので，日常的な点検・清掃などについてすべてを説明する必要があるわけではありませんが，施主に自発的な維持管理を期待できない特別な維持管理が必要な場合には，請負契約に基づき，施工者に，施主に対する説明義務が生じると考えられます。

そして，特別な維持管理が必要な建物でありながら，それについて何ら施主に説明をしていなかった場合には，施工者は，施主に対し，維持管理を欠いたことによって生じた損害について，損害賠償責任を負うと考えられます。

設備機器の維持管理に関する事故事例

設備機器の維持管理を怠ると，人命が損なわれる重大事故にまで発展することが珍しくありません。

平成19年に発生した都心の温泉施設でのガス爆発事故は，3人が死亡，3人が重傷を負う大惨事となりましたが，その後の刑事裁判の中で，爆発の原因は，温泉汲み上げ施設のメタンガスの放出管に設置された結露水を抜くバルブについて，維持管理が適切に行われなかったことであると認定されました。そして，バルブを開けて水を抜くという維持管理の必要性と方法が，設計・施工会社より施設運営者に対し伝えられていなかったとして，会社の担当者について，業務上過失致死傷罪の有罪判決がなされています（控訴中）。

当該事案における事実認定の正誤や，担当者個人に対し，刑事責任を問うことの当否は別としても，施工者は，維持管理に関する情報伝達の責任を，きちんと果たすことが重要です。

また，設計や工事ではなく，不動産売買の事例ですが，マンションの買主が，住戸内の防火戸の電源スイッチの位置と操作方法の説明を受けなかったために，火災時に防火戸が作動せず住人が死亡したという事案について，判例は，売主の売買契約に基づく瑕疵担保責任，仲介した宅建業者に対しては説明義務違反に基づく不法行為責任の成立を認めています
（**最高裁平成 17 年 9 月 16 日判決**）。

免震・制震装置の維持管理

　建物の免震・制震装置の維持管理については，一定の期間ごと，および震度 5 程度の中地震に遭遇した場合に，専門の技術者による点検を行うと規定しているものが多いようです。

　先の東北地方太平洋沖地震では，想定を超える揺れの繰り返しによって，予想していなかった損傷を受けた免震装置があったとも聞いていますが，点検を怠った場合，損傷を見過ごし，有事に必要な機能を発揮できない可能性もあります。また，免震装置を備えた免震建物の場合，建物の水平方向のスライド（水平移動）の最大値に応じて周囲に十分なクリアランス（空間）を確保することが必要とされていますが，建築から時間が経過すると，クリアランス確保の必要性や重要性が忘れ去られたり，利用者にきちんと伝えられていないこともあるようです（例えば，建物に接して物が置かれたりするなど）。

　免震・制震装置を適切に維持管理することは，地震時の安全性を確保する上で非常に重要となるため，維持管理の実効性が図れるよう，説明の方法についても十分配慮すべきでしょう。十分な説明を怠った場合，損害賠償義務を負う可能性もあります。

参考判例

最高裁平成17年9月16日判決
　「本件防火戸は，火災に際し，防火設備の一つとして極めて重要な役割を果たし得るものであることが明らかであるところ，…○○不動産販売（仲介業者）は，本件防火戸の電源スイッチが，一見してそれとは分かりにくい場所に設置されていたにもかかわらず，A（死亡した住人）又は上告人に対して何らの説明をせず，Aは，上記電源スイッチが切られた状態で802号室の引渡しを受け，そのままの状態で居住を開始したため，本件防火戸は，本件火災時に作動しなかったというのである。」
　「○○不動産（売主）には，Aに対し，少なくとも，本件売買契約上の付随義務として，上記電源スイッチの位置，操作方法等について説明すべき義務があったと解される」「宅地建物取引業者である○○不動産販売は，その業務において密接な関係にある○○不動産から委託を受け，○○不動産と一体となって，本件売買契約の締結手続のほか，802号室の販売に関し，Aに対する引渡しを含めた一切の事務を行い，Aにおいても，○○不動産販売を上記販売に係る事務を行う者として信頼した上で，本件売買契約を締結して802号室の引渡しを受けたこととなるのであるから，このような事情の下においては，○○不動産販売には，信義則上，○○不動産の上記義務と同様の義務があったと解すべきであり，その義務違反によりAが損害を被った場合には，○○不動産販売は，Aに対し，不法行為による損害賠償義務を負うものというべきである。

02 | こんな設計・監理は要注意

施工者の説明義務

Q41：設計図書通りに施工して耐震性を損なう結果となった場合でも，施工者は責任を負うのですか？

A 施工者は，原則として，設計図書を検証して不備を指摘し是正を求める義務までを負うものではないといわれています。

しかし，設計図書に明らかな不備がある場合には，施工者は不備を指摘し是正などを求める義務を負い，これを怠った場合には法的責任を負う可能性があります。

このようなリスクを回避するためにも，施工者は，設計図書に疑義がある場合には，設計者に対し説明，情報の補充，および対処を求める必要があるでしょう。

例えば，次のようなケースを考えてみましょう（設計者の責任についてはQ 27参照）。

施工会社Cは，築50年の小さなビル（RC造）の改修工事に関し，オーナーBから，施工のみを請負い，設計図に従って，ビル内部の一部の耐震壁と床を撤去し，1・2階にらせん階段を設置した1・2階一体の店舗を施工しました。設計者Aからは，吹抜けとするのはBの指示であり，低予算で，確認申請が不要な工事なので，躯体の補強は行わないといわれました。

ところが，店舗のオープン後，オーナーBより建物が揺れるという苦情があり，調査の結果，本件ビルが建築当時の耐震基準を下回る状態であることがわかり，設計者Aとともに，損害賠償請求を受けてしまいました。

施工者の義務は建物を完成させること

設計図書の作成は，原則として建築士の独占業務であり（**建築士法3条，3条の2，3条の3**），設計契約に基づき設計者が行うものです。また，設計者は，設計した建物を法令に適合させる義務を負っています（**建築士法18条3項**）。

一方，施工者は，請負契約に基づき設計図書に示された建物を完成させ，

引渡す義務を負っていますが，設計者と同等またはそれ以上の能力を有することは，法令上要求されていません。また，設計図書を用いて工事を行った場合の施工者は，違反建築物の工事について，建築基準法による罰則の対象になっていません（**建築基準法98条以下**）。

　このように，設計者と施工者には役割分担に違いがあるとみるべきであり，請負契約上，施工者が設計図書の不備を検証し，不備がある場合に，設計者などに対して，これを指摘し，是正を求める義務までを負わないのが原則であると考えられます（大森文彦著「建築工事の瑕疵責任入門」新版，大成出版社，2007年参照）。

　ただし，例外もあります。

　建設業法は，建物の技術水準を確保し建物の安全性を確保するために，施工者について，主任技術者および監理技術者の配置を要求していることから（**建設業法26条**），施工者が建物の安全性についても一切の責任を負わないと解することはできません。

　それゆえ，設計図書どおりに建築することにより，当該建物が法令上要求される基準を満たさず，安全性を欠くことが明らかである場合には，施工者は，当該建物の安全性を確保するために設計者ないし監理者に対して確認申請図書の内容を確認したり，場合によっては設計の変更を求めたりする義務を負うものと解されます。そして，これを怠り建築工事を行った結果，完成建物に瑕疵が生じた場合には，施工者は瑕疵担保責任を免れません（**神戸地裁平成15年2月25日判決**）。

設計図書は「注文者の与えた指図」か？

　施主から依頼された設計者が設計を行い，その設計図書に基づき建物を建築することを施主と合意した（請負契約を締結した）場合は，設計図書の内容は，「注文者の与えた指図」（**民法636条本文**）に当たるのではないか，という問題があります。

　仮に「指図」に当たる場合，設計図書に従って施工した建物に瑕疵があるとしても，注文者（施主）の与えた指図によって生じたものとして，施工者は瑕疵担保責任を負いません。施主が委託した設計者による不適切な設計が原因で雨漏りが生じた点について，施主の指図によるものとして，施工者の瑕疵担保責任を否定した裁判例もあります（**東京地裁平成20年5月29日判決**）。

もっとも,「注文者の与えた指図」の解釈については, 施主と施工者の専門知識の差が大きい上に, 建築士法や建設業法が安全性を損なうような建物の建築を防止しようとしていることからすると, 単なる指示や希望などを含め広く解すべきではなく, その範囲を限定的に解すべきであり, ここにおける「指図」とは,「事実上の強い拘束力を有する指示」であることが必要と解されています（**京都地裁平成4年12月4日判決等**）。

　そして, たとえ専門家である設計者を通じた指示であったとしても, 違反建築物となることを容易に看守でき, 設計変更を求めたり受注を拒否することができた場合などには,「指図」といえるほどに事実上の強い拘束力を有していたと認めることはできないと考えられます。

プロ同士の契約だったらどうか？

　前掲・神戸地裁平成15年2月25日判決は,「注文主からの指図」について,「注文者の十分な知識や調査結果に基づいて行われた指示, あるいはその当時の工事の状況から判断して事実上の強い拘束力を有する指示など」と判示しています。したがって, 不動産事業者との契約, 施工業者間での下請契約等のプロ同士の契約であり, 施主側において正しく事実を認識し, 違法であることを許容していたとすれば, 指図によるものとして損害賠償責任を負わない可能性があります（**名古屋高裁昭和49年11月27日判決**）。

　もっとも, 施主が許容していたとしても, 違法性が著しい場合には請負契約自体が無効とされることすらありますし（**最高裁平成23年12月16日判決**）, 違法な施工をした施工者が建築基準法や建設業法上の行政処分の対象となることは変わりありません。違法工事には, それなりのリスクがあることを再認識すべきです。

本ケースでは？

　本ケースの場合, 築50年であり, 旧耐震基準で建てられた耐震性の低い建物について, 一部とはいえ, 耐震壁と床を解体する工事を行うというのですから, 建築当時の耐震基準をも満たさず, 耐震性が著しく劣った状態になる可能性があることは, 明らかです。

　したがって, 上記施工内容が, 設計者Aの「指図」によるものだとしても, その施工が不適切であることは施工会社Cにとって明らかであったと

いえるため，施工会社Cは瑕疵担保責任を免れないと考えます。もっとも，オーナーBが設計者Aから耐震性低下について説明を受けているなどの事情により，Bは，過失相殺によって損害額が減額される可能性はあります。

施工者の不法行為責任

建物の設計者，監理者および施工者は，建物としての基本的な安全性を損なう瑕疵が生じないようにする注意義務があるとされており，これに違反し損害を生じさせた場合には，居住者などに対して不法行為責任を負うとされています（**最高裁平成19年7月6日判決**）。

したがって，本ケースの場合，仮に瑕疵担保責任期間が経過していたとしても，不法行為に基づき損害賠償請求を受ける可能性があります。

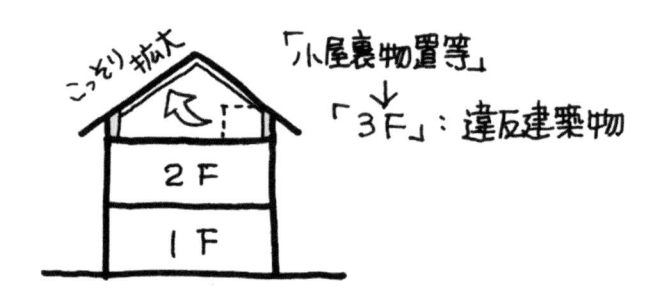

参考裁判例

神戸地裁平成15年2月25日判決
住宅の新築にあたり，設計者から違反建築物となることの説明を受けながら，施主が小屋裏物置を拡大することを要望したため，設計者が違反建築物となる設計図書を作成して，施工者が設計図書どおりに施工した事案です。施工者は，設計図書に基づいて施工したので瑕疵ではないと主張し

ましたが、裁判所は、次のように判示して、施工者の責任を肯定しました。

「建設業法26条によれば、同法3条に基づき一般建設業の許可を得ている建設業者が建築工事を請け負う場合に設置することを義務付けられる主任技術者は、技術上の管理及び建設工事の施工に従事する者の技術上の指導監督の職務を誠実に行わなければならないとされているところ（**同法26条の3**）、上記義務は、完成建物の技術的水準を確保し、もって安全性が確保された建築物を建築するために課せられた義務であるというべきであるから、仮に設計図書通りに建築した場合に当該建物が法令上要求される基準を満たさない違法建築物となり安全性を欠くことが明らかである場合には、主任技術者は、当該建物の安全性を確保するために設計者ないし監理者に対して建築確認申請の内容を確認したり、場合によっては設計の変更を求める義務を負うというべきであり、これを行わずに漫然と建築工事を行った結果、完成建物に瑕疵が生じた場合には、仮に設計図書通りに建築工事を行ったとしても瑕疵担保責任を免れることはできないと解すべきである。」

「通常、戸建て住宅建築の注文主は、建築に関する専門的知識が乏しいにもかかわらず、注文者の指示があればその内容如何を問わず民法636条の「指図」にあたり、請負人は瑕疵担保責任を免れると解することは、完成建物の安全性を確保すべく建築士ないし主任技術者の建築工事への関与を義務づけ、建築基準法等の設計基準を遵守させることによって、専門的知識に乏しい注文主による安全性を損なうような設計に基づく建物の建築を防止しようとした建築士法ないし建設業法の趣旨に反することは明らかである。

したがって、工事請負人の担保責任を免除するような注文者の「指図」とは、注文者の十分な知識や調査結果に基づいて行われた指示、あるいはその当時の工事の状況から判断して事実上の強い拘束力を有する指示などであると制限的に理解しなければならないというべきである。」

もっとも、「注文主がその指示に従って請負人が工事を完成させた場合に当該完成建物が違法建築物となることを認識した上で、当該指示を行い、その結果、請負人が当該指示に従って工事を行った結果、瑕疵が生じた場合には、民法636条の法意に従い、裁判所は注文主側の過失を斟酌し、請負人が負う損害賠償額を算定するにあたり、過失相殺をすることができると解するのが相当である。」として、施工者に損害額の5割の責任を認めました。

設計変更の権限

Q42：設計者・監理者の追加変更工事の指示に，そのまま従って大丈夫ですか？

A 契約書添付の設計図書（契約図）からの設計変更は，請負契約の変更に当たりますので，設計者や監理者がなし得るものではなく，必ず施主の了解が必要と考えるべきです。設計者・監理者が変更の包括的な権限（代理権）を与えられているという場合は，あらかじめ権限の範囲について施主に確認し，書面に残しておくと，トラブルを防ぐ上で有益です。

施主に確認することなく追加変更工事を行った場合，工事費の増額について施主の事後的な承認が得られずトラブルに発展する場合が多いため，注意が必要です。

例えば，次のようなケースを考えてみましょう。

施工会社Bは，追加変更工事が出る都度，見積書を作成して設計監理者Cに渡していました。Cは「施主Aに説明をしておく。」といっていたのですが，何も伝えていなかったようで，Aに工事費の増額を請求したところ，非常に驚かれ，増額は一切認めないといわれてしまいました。

工事も終盤であり，今さら仕様変更で減額することもできないため，施工会社Bは困っています。

原則，設計者・監理者に設計変更・追加の権限はない

施主と施工者間で締結された請負契約の内容は，当然ながら，第三者が勝手に変更することはできません。したがって，たとえ設計者や監理者であっても，施主の承諾がない限り，追加変更工事を請負の契約内容に追加することはできないことが原則となります。

一方，設計者が設計変更の代理権を施主から与えられている場合は，設計者が，工事を追加・変更することが可能です。

設計変更指示にどのように対応すべきか

設計者から追加や変更の指示があった場合，施工者としてはまず，施主の同意の有無について確認すべきでしょう。直接施主に対し，意思を確かめる機会をもつことが望ましいといえます。事前に，施主が設計者に対し

「任せる」などといっており，設計者が任されたという認識でいたとしても，代理権の及ぶ範囲について不明瞭な場合が多く，施主と設計者との間で代理権の範囲について認識の食い違いが生じた場合，後から「そのことについては一任していない」などといわれる可能性もあるためです。

また，Q38でも述べましたが，施主は，工事を行うこと自体に了承したものの，その工事が当初契約に含まれないことを認識しておらず，増額が発生するとは考えていない場合もあります。

一般的には，増額が発生することを説明しなくても，当該工事について合意があれば，相当な報酬金額についても合意したものと認められますが（**東京高裁昭和56年1月29日判決**），トラブルを避けるという意味では，施主の意思確認の際には，追加変更工事の内容に加えて，追加代金が発生することも書面にて確認しておくべきでしょう。

事前の対策

設計者から指示があるたびに，すべての事項について施主に直接詳細な確認をすることは，施工者・施主の両方にとって煩雑であり，現実的でありません。特に，耐震改修など改修工事においては，既存建物に関し想定外の事態が発生して迅速な対応が求められることも少なくありません。

そこで，施主に，事後報告を行うことを条件として，一定の範囲内での変更については設計者に包括的代理権を与えてもらい，代理権の範囲について書面に残しておくことも有用と考えられます。書面があれば，代理権の存在について信頼した者として保護され（**民法109条，110条**），増額の請求が認められる場合もあります。

いずれにせよ，施工者としては，可能な限り施主との意思疎通・意思確認を行うことが重要です。

本ケースでは？

施主Aが何ら追加変更工事について説明を受けておらず，承諾もしていない状況であり，設計監理者Cが追加・変更に関する代理権を付与されていたという事情もないため，施工会社Bが増額分全額を請求するのは難しいといわざるを得ません。もっとも，追加工事の必要性や施主Aの受ける利益に鑑みて，商人の報酬請求権（**商法512条**）に基づき，相当な報酬が認められる可能性はあると考えます。

03 | 避けたいご近所トラブル

工事騒音に関する責任

Q43：住民から，耐震改修工事がうるさいので，工事を止めろといわれた場合，どうすべきですか？

A まず，工事に当っては，法令・条例で定める騒音の基準値を厳守しなければなりません。

また，基準以下であったり，基準が適用されない工事であっても，近隣に与える騒音が受忍限度を超えると評価される場合には，権利侵害として損害賠償などの法的責任を負い，場合によっては工事の差し止めが認められる可能性もありますので，施工者としては，騒音を軽減する措置や工事時間の制限などを検討すべきでしょう。

例えば，次のようなケースを考えてみましょう。
　施工会社Ｂは，Ａマンションの耐震改修工事を請負いました。
　ケース①　Ａマンションの隣の住民Ｃが，工事の音がうるさいといって，工事を中止するよう要求しています。
　ケース②　Ａマンション内の住民Ｄが，工事の音がうるさいといって，工事を中止するよう要求しています。

受忍限度論

騒音は，近隣住民に肉体的・精神的苦痛をもたらし，ときに権利侵害として法的な責任を生じさせます。特に，工事騒音は，性質上，通常の生活騒音よりも大きくなりやすいため，常にトラブルの危険があるといって過言ではありません。

しかし，まったく騒音を発生させずに工事をすることは不可能であり，一定の範囲内については，お互い様であるとして我慢（受忍）をお願いするよりほかありません。

騒音が，受忍すべき限度を超え，法的責任の根拠となり得る「違法」なものかどうかは，「侵害行為の態様，侵害の程度，被侵害利益の性質と内容，地域環境，侵害行為の開始とその後の継続の経過及び状況，その間に採られた被害の防止に関する措置の有無及びその内容，効果等の諸般の事

情を総合的に考察して，被害が一般社会生活上受忍すべき程度を超えるものかどうか」（これを「受忍限度」といいます。）という観点から判断することになります（**最高裁平成6年3月24日判決**）。

受忍限度の具体的判断

以下，判例が例示した「諸般の事情」について，具体的に検討します。

侵害行為の態様・程度

当該建設工事における具体的な作業内容，騒音のレベル，その頻度や時間帯，継続時間，継続期間等の事情が考慮されます。

工事騒音については，法令（**騒音規制法昭和43年厚生省・建設省告示1号「特定建設作業に伴って発生する騒音の規制に関する基準」**）・条例により，対象となる工種や時間に応じた最大値が基準として定められており，騒音が基準値以下に収まるよう対策が求められています。したがって，騒音が基準値内に収まっているか否かは，騒音被害が受忍限度を超える違法なものであるか否かを検討する上でも，重要な考慮要素となります。

例えば，ケース①の場合，工事騒音が基準値内であれば，受忍限度内であることが認められやすくなり，近隣住民Cの側で，受忍限度を超える違法な騒音であることを基礎付ける特段の事情を主張立証する必要があります。

一方，ケース②の同一マンション内の工事のような，同一建物内での騒音に関しては，一般的に法令等の基準が敷地外に対するもの（敷地境界線上の騒音地を規制するもの等）であるため，法令等の規則は適用がないのが通常です。もっとも，同一建物内における騒音被害の受忍限度を判断するにあたっても，法令・条例等の基準値を遵守しているかどうかが考慮される場合があります。

被害の内容・程度

この点に関しては，騒音による健康被害が問題となることが多くみられます。

健康被害に関し，被害者の生活時間帯や病気など，固有の事情を受忍限度の判断上，考慮できるかが問題となりますが，事案により判断は分かれています（後述）。

地域性

通常生じうる騒音は地域によってその差が大きく，例えば住居地域と商業地域・準工業地域では，工事騒音以外の自動車騒音，生活騒音などでも

大きな差があるといえるでしょう。したがって，もともと想定されている騒音が大きい地域では，受忍限度の判断も緩やかになります。

被害回避措置の有無

　加害者側が，被害減少のために最適な工法を利用している，工事期間中に代替住居の提供する旨の申し出を行ったなど，加害者側の被害回避・軽減のための努力の有無も考慮されます。

　裁判所は，一方の利益を守るために他方の不利益が過大となってはならないと考え，総合的な考慮（衡量）を行います。つまり，建物所有者等の工事を行う利益を守るために騒音による近隣の不利益が過大になってはならないのは当然ですが，近隣の静かな環境を守るために必要な工事もできない，という建物所有者等の不利益が過大になってはならないと考えるのです。

マンション耐震補強工事における騒音について

　ケース②のような，工事を行っているマンション内の住民から騒音被害を訴えられた場合など，同一建物内での騒音が問題となる場合，法令などの規制は適用されないのが通常です。

　もっとも，前述のとおり，生じている騒音値が法令・条例などの基準値を遵守しているかどうかが，一つの参考として考慮される場合もあり得ます。ただし，空気伝搬音に関する基準値と同一建物内の個体伝搬音とでは性質が異なるため，単純に比較することは適当ではないでしょう。

　マンション住戸のリフォーム工事に伴う騒音被害を階下の住民が訴えたという事案（**東京地裁平成9年10月15日判決**）では，工事による騒音が断続的で，しかも3か月間の昼間に限られていること，リフォーム工事の設計内容に違法な点はないこと，当時リフォーム工事に用いる工具・工法について，騒音の少ないものが開発されていたという事情がないことなどを考慮して，特に大きな騒音（窓開で64デシベル）が出た作業を除いて，受忍限度を超えた騒音を発生を否定しました。

　なお，他の住戸における通常のリフォーム工事とは異なり，耐震改修工事は騒音を受ける住民にとっても利益になるものであり，分譲マンションの場合は，住民は工事の発注者でもあることから，受忍限度を緩やかに解する余地があるものと考えられます。

被害者の個人的事情は考慮されるのか

　受忍限度の判断において、被害の内容・程度が考慮されるということはすでに述べましたが、その中で、被害者の個人的な事情は考慮されるのか、という問題があります。例えば、被害者が勤務時間の関係で昼間に就寝している、被害者が自宅療養中である、といったような事情です。

　騒音に関する裁判例では、被害者が早朝までの深夜勤務であり、朝から夕方にかけて就寝していると主張した事案において、「一般には人間は昼起きて夜眠る生活を送ることが多く、社会生活上の各種規範もこれを前提としており、規制法等もそのような状況を前提として規制を定めていることに照らせば、原告一人に配慮するために、本件工事の内容、作業時刻等を変更すべきでないことは明らかであるから、原告の生活サイクルが一般人のそれと異なるからといって、一般的に定められるべき工事に伴って生じる騒音等の受忍限度の内容が変化するものではない。」と判断した裁判例がある（**東京地裁平成 24 年 1 月 13 日判決**）。一方、被害者が自宅療養中であると主張した事案において、「上記認定の控訴人の生活状況等を考慮に容れても、本件解体工事による騒音及び振動について、控訴人の被害が一般社会生活上受忍すべき程度を超えるものとは認められない。」と判断した裁判例もあり（**東京地裁平成 24 年 8 月 9 日判決**）、事案ごとに判断がなされているところです。

漏水事故の責任

Q44：マンションの耐震改修工事の際に，劣化した共用部分の給水管を破損して漏水させ，下階の住戸を浸水させた場合，損害賠償義務を負いますか？

A　まず，下階住戸の浸水は，下階住戸の所有者（占有者）に対する不法行為に当たりますので，過失により浸水を発生させた者は，それによって生じた損害を賠償する必要があります。

劣化の状況や破損の経緯より，劣化した給水管を放置した管理組合（共用部分の所有者である区分所有者全員を代表する者）や，直接給水管を破損させた施工会社の過失の有無を判断することになります。

また，管理組合と施工会社のいずれの過失も認められない場合，漏水した給水管の劣化という保存の瑕疵が原因となったと考えられますので，所有者責任に基づき，管理組合が損害賠償義務を負うという結論になります。

例えば，次のようなケースを考えてみましょう。
　施工会社Ｂは，Ａマンションの管理組合Ａより耐震改修工事を請負いました。
　ケース①　給水管は通常の工事に耐えられるものでしたが，施工会社Ｂが粗雑に扱ったために破損しました。
　ケース②　給水管は通常の工事に耐えられない程度に劣化しており，施工会社Ｂが通常の給水管と同様に扱ったために破損しました。
　ケース③　給水管はいつ漏水しても不思議でない程度に著しく劣化しており，施工会社Ｂは慎重に工事しましたが，破損は避けられませんでした。

給水管破損，漏水の原因は何か？

本件では，①～③のいずれのケースも，耐震改修工事の際に漏水が生じていることから，施工会社の不法行為責任が問題になります。

確かに，ケース①の場合，施工会社Ｂが給水管を粗雑に扱ったことが原因ですので，Ｂに過失が認められ，Ｂに不法行為が成立するといってよいでしょう。

しかし，ケース②や③のように，劣化が破損の原因になっている場合に

施工会社Bに全額または一部の責任を負わせるのは，妥当ではありません。劣化を放置した，または，劣化した配管を占有・所有している管理組合Aにも責任があるはずです。

ケース②の場合，配管は劣化しているものの，施工会社Bが，配管の劣化を考慮して慎重に工事を行っていれば，破損は避けられたと考えられ，配管の劣化（それを放置した管理組合Aの過失）と施工会社Bの過失の双方が原因となっているものと評価できます。

したがって，A・Bに共同不法行為が成立し（**民法719条第1項**），下階の住民は，管理組合Aと施工会社Bそれぞれに対し，損害賠償を請求することができると考えられます。

施工会社に過失がなく，管理組合の過失も証明できない場合

ケース③のように，給水管が著しく劣化しており，施工会社Bが慎重に工事を行った（注意を尽くした）にもかかわらず破損し漏水したような場合には，施工会社Bの責任は否定されると思われます。

もっとも，管理組合Aの過失が証明できない場合にも，被害者である下階の住民の損害は，賠償される必要があるでしょう。

この点につき，漏水をするような劣化した給水管自体，通常有するべき性能を有しておらず，「保存の瑕疵」があると認められますので，管理組合A（共用部分の所有者である区分所有者全員）は，工作物責任（**民法717条1項**）として，損害賠償義務を負うという結論になります。

参考裁判例

東京地裁平成18年9月12日判決

　マンションの専有部分を改修していた施工者が，元々水が出なかった洗濯機置場の蛇口を開けたままにした結果，工事中に，突然，水が出てしまい，下階の部屋を水浸しにし，下階の住人が，施主（上階の住人）と施工者両方を相手取って訴えを提起したという事案です（漏水した水道管が共用部分ではなく，専有部分である点が本文のケースと異なります）。

　裁判所は，まず施主について，蛇口から水が出なかった原因は蛇口又は水道管の詰まり等にあると考えられるとした上，「被告（施主）は，601号室の所有者として，本件蛇口を含む601号室の水道設備を適切に管理し，漏水等の事故が生じないようにすべき注意義務を怠った点において，本件漏水事故の発生につき過失があると認められる。」として，責任を認めました。

　次に，施工者について，施工者の従業員等が本件蛇口を開栓した可能性は十分に考えられるところであるとした上，「被告会社（施工者）は，建物のリフォーム工事等を業とする会社として，内装工事を行うに当たり，当該建物の設備等に支障が生じないように留意すべきものと解することができるから，本件蛇口の状態を十分に確認しなかった点において，本件漏水事故の発生につき過失があると認められる。」とし，責任を認めました。

　その上で，「施主及びリフォーム業者は，本件漏水事故の発生につきそれぞれ過失があるということができるから，本件漏水事故により原告らが被った損害につき，民法719条1項の規定により，各自，損害賠償義務を負うと判断するのが相当である」としました。

隣地使用請求権

Q45：既存建物の外側に耐震補強を行うので，隣地に越境しなければ足場が組めない場合，どうすべきですか？

A　土地の所有者である施主には，民法上，建物の「修繕」に必要な範囲で隣地を使用することを請求できるとされています。

もっとも，隣地を使用するには隣人の承諾が必要です。仮に承諾が得られない場合，仮処分手続など法的手続をとる必要が生じますので，その分の費用と時間も余計にかかります。

施工者は，事前に，隣地使用が必要となることおよび隣地使用の承諾を得るのに時間がかかる可能性があることを施主に説明し，施主から隣人に対して隣地使用の承諾を求めるよう依頼しておく必要があります。

民法上，土地の所有者（借地権者も含むと解されています。）が，境界又はその付近において障壁・建物を築造・修繕する場合に，必要な範囲内で隣地の使用を請求することが出来ると定められています（**民法209条1項**）。耐震補強工事のために，足場を組むことも，「修繕する場合」の「使用」に含まれると考えられます。

ただし，「使用」には隣人の承諾が必要です。隣地所有者は，工事のために自分の敷地に足場を組むことを，当然に受忍しなければならないものではないのです。また，隣地所有者は，損害が生じた場合，償金請求をすることができるとされています（**民法209条2項**）。

隣地使用請求の法的手続

仮に隣人が承諾しない場合には，訴訟にて「立ち入ることを承諾せよ」という請求を行った上で「承諾に代わる判決を得る」（**東京地裁昭和60年10月30日判決**）か，「承諾を受けるべき地位にあることを仮に定める」という仮の地位を定める仮処分（**民事保全法23②**）を申立て，仮処分決定を得るなどの必要があります。これらの判決・決定によって，隣人から承諾を受けたのと同様の法的効果が生じます。

上記請求や申立てが認められるためには，施主の隣地使用の必要性，隣人の損害の性質・程度などを総合的に考慮し，請求・申立てによる隣地使用が「必要な範囲内」であると認められることが必要となります。

早期に予測し説明することが必要

　任意の交渉で隣地所有者の承諾が得られない場合，上記のような法的手続を踏まなければ適法に隣地を使用することができず，その分費用と時間が余計にかかることになってしまいます。

　また，上記の請求を行う主体はあくまで施主です。この点について，施工に関する事項は施工者にお任せしているから施工者が主体であると，誤解されがちです。施工者の事前の説明が不十分ですと，施主が非協力的であることによって生じた隣人との紛争についても，施工者が施主から責任を問われる事態なども予想されます。

　したがって，仮に隣地使用が必要と見込まれるときは，施工者は，施主に対し，施主の責任において隣人の承諾を得てもらうよう，できるだけ早期に必要な情報を提供するよう努めるべきでしょう。

第4章

不動産取引で押さえておきたい耐震性

不動産取引において,
耐震性の不足や耐震診断義務,
診断結果の公表・説明,耐震改修工事の実施を
どのように考えるべきか検討します。

01 | 不動産契約と耐震性

不動産契約の解除の可否

Q46：購入した建物の耐震性不足を理由に，売買契約を解除できますか？

A 売買の目的物である建物について，ある水準の耐震性を有することが約束されていたならば，耐震性の不足が隠れた瑕疵に当たり，売主の瑕疵担保責任を追及し得ると考えられます。

もっとも，通常，契約を解除するには，耐震性の不足により売買契約の目的を達成できない，といえるだけの事情があることが必要です。

買い受けた建物に瑕疵がある場合には，買主は，売主に対し，瑕疵担保責任を追及することが可能です。

契約責任における瑕疵とは，通常備えているべき性能の不足（客観的瑕疵），当事者間で合意した内容との違い（主観的瑕疵）をいいます。また，売買契約においては，「隠れた」瑕疵がある場合に限り，その責任を追及することができるとされています（**第6章Q72**）。

特に耐震性レベルの合意がなかった場合

買主が，売買の目的物である建物の耐震性について何ら言及せず，特に何も気にしていなかったという場合は，通常，建物が建築当時の基準を満たす既存不適格建物であれば，目的物の瑕疵に当たりません。新耐震基準を満たしていないことは，必ずしも瑕疵に該当しないのです。

なぜなら，第1章01「地震と建物の責任問題」で検討したとおり，既存不適格建築物は，新耐震基準に合致していない建築物であることが法的にも社会的にも許容されており，性能に見合った金額で取引されている以上，現行法の新耐震基準を満たす耐震性を期待されているとはいえません。また，買主は建築年を見れば，おおよそ適用される耐震基準を知ることができ，買主にとっても耐震性不足の可能性があることが「隠れた」ものではないことからも，瑕疵担保責任を認めるべきではないということになるでしょう。

したがって，そもそも瑕疵担保責任は発生せず，解除すべき理由がない

という結論になります。

耐震性のレベルについて特別な合意があった場合

　瑕疵の判断は，契約書や契約書に添付された図面などに明記されている合意内容を基準にし，明記されていない部分は，契約の経緯など周辺事情から合理的に解釈した内容を基準とします（賃貸マンションの耐震性の合意について説明した第1章Q12を参照）。

　仮に，当該建物の耐震性が建築当時の耐震基準に合致していたとしても，契約時に高い耐震性を有する建物として合意をしており，その合意された耐震性より劣っていた場合，瑕疵担保責任を問われる可能性があります。

　もっとも，事後的に紛争になってから，当事者双方で主張する合意レベルに食い違いが生じる場合が少なくありません（**154頁裁判例**）。

契約の解除が認められる場合とは？

　民法上は，瑕疵があることによって，契約の目的を達成することができない場合，買主は売買契約を解除することができます（**民法570条，566条**）。

　どのような場合に目的不達成といえるかが問題になりますが，拘束されるべき契約を一方的に解除できるという強い効果をもたらす以上，相当に強い事情がなければ解除は認められません。また，買主が瑕疵を知っていた場合，通常の注意をもって調査すれば知ることができた場合は，瑕疵が隠れたものではないので解除はできません。

　例えば，新耐震基準に適合していることや，既存不適格建築物であることを明示した上で契約を締結したにも関わらず，完了検査後の耐震性を低下させる違法な工事などによって建築当時の基準に適合していないことが判明した場合でも，耐震改修が容易に可能であり，改修工期分の入居の遅れが許容しがたいという理由がないならば，目的不達成とまではいい難いでしょう（もちろん，瑕疵と因果関係がある損害として，補強に必要な工事費は請求できると考えられます。）。

　一方で，区分所有を前提としたマンションの場合は，個人で耐震改修を行って契約レベルの耐震性能を実現することは極めて困難になりますので，契約レベルと実際のレベルの耐震性の差が大きいなどの事情を前提として，目的不達成が認められる可能性があると思われます。

参考裁判例

東京地裁平成19年4月27日判決
「本件建物の耐震性能が，現在の建築法規により求められる水準に比べ，極めて低いものであることは原告の主張するとおりである。しかし，」「本件建物は，昭和52年6月に竣工した中古物件であることが明らかであり，取引条件としても，格別の補強工事等を行うことなく，現状有姿で引き渡すものであることが入札要綱及び契約書に明記されていたのであるから，原告としては，本件建物が現在の耐震性能を満たしていないことは当然承知の上で，本件建物を買い受けたものと認めることができる。」

「本件建物が昭和56年の建築基準法施行令の改正前に建築された建物である以上，場合によっては，その耐震性能が現在の耐震性能基準を大幅に下回るものである可能性は，本件契約当時，予見することが不可能なものであったということはできない。そして，本件建物は昭和52年当時の建築法規上適法に建築された後，本件契約締結当時まで，貸しビルとして使用され，特段の問題も生じていなかったことを併せ考えるならば，本件建物の耐震性能が現在の耐震性能基準をいかに下回るものであったとしても，本件契約の解釈の問題としては，本件建物を，その耐震性能も含め，現に存在する状態で売買することが，本件契約の内容であったと認めるほかはない。したがって，本件建物の耐震性能が上記診断結果のとおりであるからといって，本件契約の目的物である本件建物が，昭和52年に竣工し，その後の経年損耗があった建物として，通常有する品質・性能を欠き，瑕疵がある建物であったということはできない。」

Q47：貸しているビルの耐震性が新耐震基準より劣っていることがわかった場合，賃貸人は耐震改修をしなければならないのですか？

A　ビルが既存不適格建築物であり，それを前提とした賃貸借契約であった場合には，原則賃貸人に耐震改修を行う義務はありません。ただし，ビルに瑕疵があり，違反建築物に当たる場合には，耐震改修を行わなければならない場合があります。

　また，仮にビルを使用収益する上で，耐震改修が必要な場合でも，耐震改修に過分の費用がかかるなど改修が困難な場合には，修繕が不可能なものとして義務を負わないと考えられます。

賃貸人の修繕義務としての耐震改修義務

　賃貸人は，賃貸物を賃借人の使用収益が可能な状態にしておく積極的な義務を負っています。そして，その具体的な現れとして，修繕をしなければ契約目的に従った使用収益ができない場合に，賃貸人が建物を修繕する義務を負うという「修繕義務」が民法上定められています（**民法606条**）。

　仮に，賃借人の耐震改修要求に応じなければならない場合の賃貸人の「耐震改修義務」は，この修繕義務の一種であると考えることができます。

　耐震性を特に定めて契約をしていない場合，および契約の解釈上耐震性の合意が導けない場合には，賃貸人が使用収益させるべき建物が通常備えているべき耐震性は，建築当時の耐震基準ということになりますので，既存不適格建築物であれば目的物としての瑕疵はなく，賃貸人は耐震改修を行う必要はないという結論になります。

　この点は，前のQ46の売買契約と同じです。

　元々建物に違法な工事や施工不良などの瑕疵があったとか，著しい経年劣化によって建築当時の耐震基準にも適合しない場合など，賃借人が契約目的に従った使用収益を行う上で十分とはいえない場合には，賃貸人が修繕義務としての耐震改修義務を負うものと考えます。

　ただし，賃貸借契約の目的との関係で，賃借人が耐震性の不足を特に認

識・認容していたような場合は，その建物の使用収益上，通常時や日常生じうる小地震時でも危険であるなど，公序良俗に反する場合を除けば，耐震性の不足が賃貸借契約において取り込まれていたとみるべきであり，賃貸人は耐震改修義務を負わないと考えます。

なお，建築基準法制定前の歴史的建造物に関し，賃貸人の修繕義務を否定した事例もあります（後掲：京都地裁平成19年9月19日判決）。

耐震改修が著しく困難な場合

では，耐震改修が著しく困難な場合でも，改修要求に応じなければならないでしょうか？

例えば，元々の強度や老朽化の程度から補強に非常に高額な費用が掛かる場合，プランや階高など建物形状が耐震改修に適しておらず，改修後の使い勝手や面積に大きな制約が生じる場合，基礎・杭，近接する擁壁や地盤など，建物上屋以外の強度に重大な問題がある場合，耐震補強を行っても補強の目的を達成することが不可能な場合，などです。

仮に，建替えの方が優に合理的であるにもかかわらず，耐震改修を強いられるのは，建物所有者や貸主の財産権に対する制約として，過大であるといわざるを得ないでしょう。

一方で，建替えを行う場合には，賃借人は一旦，建物から出なくてはなりませんし，従前の古い建物の安い賃料で入居することはできなくなりますので，賃借人を保護する必要もあります。

したがって，耐震改修が困難な場合の耐震改修義務の有無は，賃貸人と賃借人の利益・不利益のバランスの上で決せられる事項というべきです（後掲Q48：東京地裁平成25年3月28日判決）。

契約上の合意に反して目的を達せられない程度に建物が耐震性を欠く状態であり，かつ，賃貸人が耐震改修を行わないとすれば，契約は履行不能に陥っているとして，賃借人は契約を解除できるものと思われます。

この場合，賃借人は，解除，退去により生じる引越費用などの損害を，賠償請求できる可能性があります。

参考裁判例

京都地裁平成19年9月19日判決

「賃貸借契約における賃貸人は，目的物を賃借人に使用収益させる義務を負い（**民法601条**），その当然の結果として，目的物が契約によって定まった目的に従って使用収益できなくなった場合には，これを修繕すべき義務を負う（**同法606条**）。

そして，この修繕義務の内容は，当該契約条件のもとであるべきものとして契約内容に取り込まれていた目的物の性状を基準として判断されるべきであり，仮に目的物に不完全な個所があったとしても，それが当初から予定されたものである場合には，それを完全なものにするべき修繕義務を賃貸人は負わないというべきである。」

「本件賃貸借契約成立に至る経緯からすると，原告は，本件建物の持つ古い和の雰囲気を特に気に入り，被告に対し，本件建物を建て替えることなく，改装して，本件建物のイメージを壊さずにブライダルレストラン事業を行いたいとの申出をし…本件建物について本件賃貸借契約を締結したものである。

してみると，原告は，本件建物が，古い部分は築80年を超えており，全体として，建築基準法3条2項にいう既存不適格建物であることは，当然認識していたと認められ，本件建物が既存不適格建物であって，同法が定める基準に適合する建物と同等の耐震性能を有していないことは，本件賃貸借契約締結時に当然に前提とされていたものと認めるのが相当である。

したがって，被告に，本件賃貸借契約に基づく修繕義務として，本件建物に建築基準法20条が定める構造耐力を備えさせるべき義務があるとは認められない。」

「以上の点を総合すると，被告に，本件賃貸借契約に基づく修繕義務として，本件工事を行う義務があるとは認められない。」

なお，判決文中に「既存不適格建築物」とありますが，実際には「災害が起こらない時の通常の使用に対して構造上，安全である程度」の耐震性しか認められておらず，本件建物を「既存不適格建築物」と表現することには疑問があります。

借地借家法の「正当事由」

Q48：耐震性の不足による耐震改修や建替えを理由として，賃借人に立退きを求めることはできますか？

A 建替えを行う必要性は，賃貸借契約の解約の申入れを認めるに足りる「正当の事由」の有無の考慮要素となります。

もっとも，建物の老朽化が著しい場合は別として，単に既存不適格建築物であるに過ぎない場合，建替えはもっぱら賃貸人側の財産管理上の事由と考えられ，正当事由を基礎づける強い事情とはいい難いものと思われます。

正当事由とは？

賃貸人が，賃貸借契約を解約し，または，更新を拒絶して賃借人に立ち退きを求めるためには，借地人保護のため，解約申入れを認めるに足りる正当事由があることが，必要となります（借地借家法28条，26条1項，27条）。なお，期間の定めのある賃貸借契約で，解約権が留保されていない場合は，中途解約できません。

正当事由の有無は，賃貸人および賃借人が建物使用を必要とする事情，賃貸借に関する従前の経過，建物の利用状況および建物の現況，そして立退き料などを総合的に考慮して判断されます。

耐震性の不足を理由に立退きを求めることができるか？

Q47で述べたとおり，耐震改修や建替えは，賃貸人の財産管理の一環とはいえ，どのような方法で耐震性不足の問題を解決すべきかについては，賃貸人が決定すべき事項であり，技術的に耐震改修が可能だからといって，建替えより耐震改修を優先すべきという結論には必ずしもなりません（東京地裁立川支部平成25年3月28日判決）。

一方で，建物が既存不適格建築物であるに過ぎない場合，賃借人との関係では，特に耐震性レベルを約束していない限り，建物には瑕疵はなく，賃貸借契約の実現に支障は生じていません。そのため，建替えは，もっぱら賃貸人側の事情によってなされるものと考えられ，正当事由を基礎づける事情としては必ずしも強く働くものではないように思われます。

耐震性不足を争点に立退きを争った裁判例はあまりありませんが，老朽化による建替えの必要性を主張して立退きを求めた多くの裁判例を見ると，「朽廃」と評価できるような，近い将来取り壊さないと危険である状態に至っている程度を「物差し」に，判断を行っていることが伺えます。すなわち，①朽廃が迫っており，倒壊の危険や衛生の悪さなどの事情があれば，賃貸人に自己使用の必要性がなくても，比較的低い立退料にて立退きが認められやすく，②朽廃が近いという場合は，賃借人側の使用の必要性との均衡の問題とで，相当な額の立退料を支払い，立退きが認められる可能性があります。一方，③朽廃にやや遠い，遠いという場合には，正当事由を多額の立退料でいかに補完するかという問題になります。

　単なる既存不適格だけの問題であれば，③朽廃には遠い，という評価になるものと思われます。

　裁判例によれば，大修繕するための費用があまりに多額である一方で，修繕後の建物の評価が高くなく，経済的合理性がまったく認められない状態であることも，正当事由の要素として評価されますが（**160頁東京地裁平成25年3月28日判決**），賃貸人の経済的合理性を図るために賃借人の負担が大きい場合には，やはり立退料でバランスを取る必要があります。

参考裁判例

東京地裁立川支部平成25年3月28日判決（UR立退き訴訟）

「耐震改修をしない限り耐震性に問題があるところ，かかる場合に，どのような方法で耐震改修を行うべきかは，基本的に建物の所有者である賃貸人（原告）が決定すべき事項であり，その結果，耐震改修が経済合理性に反するとの結論に至り，耐震改修を断念したとしても，その判断過程に著しい誤びゅうや裁量の逸脱がなく，賃借人に対する相応の代償措置が取られている限りは，賃貸人の判断が尊重されてしかるべきである。」

「原告が本件号棟を除却せざるを得ないとの判断について，その過程に誤り，非合理性はなく，居住者に対しても十分な代償措置が取られていると認められる以上，除却の判断は相当なものとして是認できる。」

「耐震性に問題があり，経済合理性の観点から耐震改修工事が困難である本件号棟について，これ以上賃貸借契約を存続させることは相当でなく，本件更新拒絶には正当事由があるから，本件各契約は，いずれもその満了日の経過をもって期間満了により終了したというべきであり，原告は，被告らに対し，賃貸借契約の終了に基づき，本件号棟の各号室について，明渡しを求めることができる。」

原告の提示した代償措置とは，類似物件等，移転先のあっせん，移転先家賃の減額・補助，移転費用の補填などです。

Q49：賃借人から，耐震改修工事期間中の賃料の減額を求められていますが，応じなければなりませんか？

　A　耐震改修工事によって賃借人の使用収益に支障が生じている場合，支障が生じている範囲・程度に応じて，賃借人からの賃料減額請求が認められる可能性があります。

　支障の有無・程度は，賃貸借契約の目的を考慮して判断されます。

　もっとも，賃料減額請求は，賃借物の「一部滅失」に近い状態の，実質的な使用収益への支障を前提とするものであり，単に快適性の低下や不便が生じた程度では認められないものと思われます。

例えば，次のようなケースを考えてみましょう。

　貸主Ａは，テナントビルのＡの各階を，複数の飲食店に賃貸していましたが，耐震改修工事によって，ビル全体が足場で覆われ，午前8時から午後5時までの間，騒音を伴う作業を含む工事が行われるようになったため，各テナントから賃料減額請求を受けました。

　ケース①　テナントＢは，近隣の常連客を中心とした深夜営業の居酒屋の営業を目的として，1階を賃借しています。

　ケース②　テナントＣは，高級イタリア料理店であり，ランチとディナー営業を行うために，3階を賃借しています。

　民法611条は，賃借人の過失によらないで賃借物が「一部滅失」した場合に，滅失した部分の割合に応じて，賃借人から賃貸人に対し，賃料減額請求をすることができるとしています。

　不動産の賃貸借契約の場合，不動産が物理的に「一部滅失」に至らない場合でも，賃貸借契約の目的となる不動産に雨漏りが生じるなど，使用収益に支障が生じた場合，民法611条類推適用による賃料減額請求が認められる場合があります。

使用収益の支障の判断基準

　どのような場合に，使用収益に支障が生じているといえるでしょうか？
　裁判例は，民法611条の趣旨について，「建物の一部滅失により，建物

の占有を著しく制限され，通常の占有，使用収益ができなくなった場合において賃借人の保護を図るところ」にあるとし，同条を類推適用するには，「少なくとも建物の一部について占有が不能となり，使用収益ができないのと同様の障害が一定期間で生じ，社会通念上，月額賃料全額の支払を求めることが相当でないと判断される場合であることが必要である。」と判示しています（東京地裁平成15年7月15日判決）。

前掲の裁判例は，月額賃料95万円の高級マンションに関する事案ですが，賃借人の主張する瑕疵や利用上の不便を前提としても，一定期間に渡り一部の使用収益に障害が生じたとはいえないとして，減額請求を否定しています。

一方，複数の階を事務所として一体的に利用することを目的として契約していた賃借人が，夕方以降のエレベーターの利用が著しく困難となったことを理由として賃料減額請求を行い，一部認められたという事案もあります（東京地裁平成10年9月30日判決）。この事案は，賃貸人の債務不履行を理由とする解除も認められています。

賃貸借の目的物自体（例えばテナントの区画内）に何ら問題がない場合でも，賃貸借契約の目的との関係で使用収益に実質的な支障が出る場合には，減額請求が認められる余地がある，ということになりそうです。

本ケースでは？

ケース①の場合，営業時間と工事時間帯は重なっておらず，また，常連客が中心であるため，工事の足場などにより居酒屋の集客に影響が生じることも少ないと考えられるため，賃料減額請求は認められないと考えられます。

一方，ケース②の場合，ランチ営業が工事時間帯と重なっている上，工事足場などが高級イタリア料理店のイメージを毀損する可能性もないとはいえませんので，賃料減額請求が認められる余地があると思われます。

参考裁判例

東京地裁平成15年7月15日判決

　月額賃料95万円の高級マンションについて，賃借人が，ガス・給湯・空調設備の不具合，内装瑕疵，サッシ開閉不良などを主張した事案。

　賃借人の主張は，「より快適な生活のための改良であったり，軽微な不良，瑕疵であったり，短期間の不便であったりするものも含まれており，上記で認定した各事実を併せ考えても，本件建物の各所に不良，瑕疵の部分があり，利用に不便が生じていると認めることができるとしても，本件建物の使用収益について，一定期間に亘り，一部の占有が不能となったに等しいところの使用収益に障害が生じたとは認め難い。」

東京地裁平成10年9月30日判決

　元々6階を事務所としていた賃借人は，一体的な利用を目的として3階を借り増ししたが，4・5階に150人収容の大型居酒屋が入居し，夜間，1台しかないエレベーターの利用が著しく困難となったという事案。

　「午後5時半ころから午後8時ころを中心とした○○（居酒屋）の繁忙時間帯には，本件エレベーターの持ち時間が長くなり，特に，4，5階を挟む3階と6階を被告従業員が本件エレベーターで円滑に行き来しながら，右両室を一体的に利用して執務することは相当不便かつ困難になるものと推認される。

　ところで，本件ビルの賃貸人の原告としては，貸室自体を使用収益可能な状態にしていれば，賃貸人としての使用収益させる義務を履行したとはいえず，貸室の使用収益をさせる前提として，各貸室に至る共用通路や階段，エレベーター等の移動経路についても，単に通路等の空間を提供しさえすれば足りるというものではなく，賃借目的に従った貸室の利用時間帯は，貸室への出入りが常時支障なくできるようにすることにより，貸室を使用収益するのに適した状態に置く義務を負っているものと解するのが相当である。」

　「本件貸室と本件3階貸室との間を被告従業員が行き来しながら一体的利用を図るという，被告が本件3階貸室契約を締結した目的は，終日不能というわけではなく，かつ，完全に不能というわけではないものの，一部（＝夕刻以降の残業時間帯において）において不完全にしか達せられなくなっているものと認めることができる。」

02 | 情報公開と風評被害

宅建業法における説明義務

Q50：耐震診断の結果が悪かった場合にも，買主に対し，結果を伝えなければなりませんか？

A　建物の売買契約において，売主または仲介業者が宅建業者である場合，建物について耐震改修促進法に基づく耐震診断を実施済であれば，その結果を，重要事項として，契約成立時までに説明しなければなりません。

建物を賃貸する場合も，同様です。

宅建業法では，取引の対象となる建物が耐震改修促進法に基づく耐震診断を受けたものであるときは，診断結果を契約時の重要事項説明として説明しなければならないとされています。

この重要事項説明義務は，結果の如何に関わらず，当該建物が耐震診断を行った場合に発生しますので，よい結果のみを説明する＝悪い結果であれば説明しない，ということは許されません。

ただし，この義務は宅建業法上の義務ですので，売主や仲介業者が宅建業者でない場合には，義務を負いません。なお，宅建業者が仲介を行う場合，宅建業者は，売主や所有者等に対して耐震診断を行ったか否かを問い合わせ，行っていない場合はその旨を説明すれば足りるといわれています。

なお，耐震改修促進法に基づく耐震診断は，新耐震基準（昭和56年6月1日施行）に適合している建物については対象となりませんので，同施行日以降に着工した建物は，原則として耐震性に関する重要事項説明は不要となります。

促進法に基づく耐震診断義務の説明は必要か？

現行（平成25年11月1日時点）の宅建業法および同施行規則の明文上は，耐震診断を行った場合にのみ説明すべきこととされています（**宅建業法35条14号，同法施行規則16条の4の3，5号**）。

もっとも，購入する建物が，促進法によって耐震診断義務を負う「要緊急安全確認大規模建築物」（**促進法附則3条**），「要安全確認計画記載建築物」（**同法7条，5条3項1号，5条3項2号，6条3項1号**）に該当する場合，買

主は，定められた期限までに，耐震診断を行い，診断の結果について所管の行政庁に報告しなければなりません。診断には助成制度などがありますが，買主は相当の手間と負担を強いられることになります。

　また，これらの建物は，報告した耐震診断の結果を公表され（**同法9条**），さらに，診断の結果，耐震改修を要すると認められる時は，耐震改修を行う努力義務を負い，所管行政庁から指導・助言や指示を受ける可能性が生じるのです（**同法12条**）。

　したがって，購入する建物が，促進法に基づく耐震診断義務を負う建物であるか否かは，買主の利益に決して少なくない影響を及ぼします。宅建業法35条の各説明項目は例示列挙と解されているため，今後，耐震診断の結果と同様に，「相手方等の利益の保護に資する事項」（**宅建業法35条1項14号イ**）として，重要事項説明の対象と解される可能性があり得，また，説明を怠った場合に，債務不履行に基づく損害賠償義務を負う可能性も否定できないと考えます。

　なお，賃貸借契約に関しては，借主が自ら耐震診断義務を負うものではなく，賃借する建物が促進法の「耐震診断義務を負う建物」であることは，特段の不利益になりません。

　したがって，宅建業法上，および民法上の責任として，説明義務が認められる可能性は高くないと考えます。

耐震診断結果の報告義務

Q51：耐震診断の悪い結果の報告を提出せず，または，虚偽の結果を報告した場合はどうなりますか？

A　一定の期間までに耐震診断の実施が義務付けられている「要安全確認計画記載建築物」に関しては，診断結果を報告しなかった場合，および虚偽の報告を行った場合，所有者は，行政庁から報告・是正の命令を受ける可能性があり，命令を受けた場合はその旨を公表されます。

　第1章02で説明したとおり，耐震化を強く推進する必要がある「要緊急安全確認大規模建築物」「要安全確認計画記載建築物」の耐震診断の義務化と結果の公表は，促進法の平成25年改正の大きな柱の一つです。というのは，所有者において，耐震性が不足している，耐震改修が必要であるなどの認識がないことが，耐震改修が進まない理由の一つとされており，耐震性に関する社会一般の意識付けが重要と考えられるからです。

　改正前の促進法においても，公益性が高いなどの理由から耐震化を進めるべき「特定建築物」については，所管行政庁は，耐震改修に関する指導・助言および指示を行うことができ，指示に従わない場合にその旨を公表すると規定していました。しかし，実際には，指示に至るものは少数で，公表制度はほとんど活用されていなかったようです。

　法改正によって，対象となる建物すべての耐震診断結果が公表されることになるのは，大きな変化だと思われます。

　このような耐震診断結果の公表の重要性から，制度を適切に運用するためには，耐震診断結果の報告が適切に行われなければなりません。そのため，報告義務を怠った場合や虚偽の報告を行った場合には，所管行政庁より，報告および是正を命じられ，命じられたことを公表されることになります（促進法8条1項2項）。

　また，耐震診断結果の報告は，建物所有者の義務ですが，耐震診断を行うのは建築士で，かつ登録耐震診断資格者講習を修了した資格者ですので，建築士が虚偽の報告を行った場合は，建築士法に基づく行政処分を受ける可能性もあります（建築士法10条1項2号・不誠実行為等）。

耐震性のある建物であることの表示

改正促進法は,「建築物の地震に対する安全性に係る認定」制度を設けています。具体的には,建物所有者が所管行政庁に申請を行い,審査の結果,基準に適合していれば,認定を受け,当該建築物などにその旨の表示を付することができるとしています(**促進法 22 条**)。具体的には,マークの付いたプレートを掲示することになります。なお,この認定制度は,建物自体の安全性の認定を行うもので,耐震改修の「計画の認定」(**同法 17 条**)や「区分所有建築物の耐震改修の必要性に係る認定」(**同法 25 条**)とは異なります。

同様の表示制度は,すでに東京都,横浜市などの一部の自治体で始まっています。去る平成 25 年 11 月 27 日には,コンサートなどで不特定多数が集まる日本武道館に,東京都の「耐震マーク」が交付されたというニュースが伝えられ,話題となりました。こうした動きも含めて,広く一般市民の耐震化への意識を高め,安全・安心に生活する上で,有意義な制度であると思われます。

基準適合認定建築物

この建築物は,建築物の耐震改修の促進に関する法律第 22 条第 2 項の規定に基づき,耐震関係規定又は地震に対する安全上これに準ずるものとして国土交通大臣が定める基準に適合していると認められます。

建築物の名称
建築物の位置
認定番号
認定年月日

認定者

促進法第 15 号様式(35 条 2 項関係)

液状化リスクと説明義務

Q52：宅建業者は，土地の液状化被害が生じる危険性について，売買に際し説明する必要はありますか？

　A　液状化被害の危険性は，宅建業法上，重要事項説明の対象となる事項には明記されていません（宅建業法35条）。もっとも，宅建業者の説明義務は信義誠実義務（同法31条1項）から導びかれるものであり，同法35条の重要事項が例示列挙と解されることから，過去に大きな液状化被害が発生したことがあるという事実は，宅地の形質に関する，相手方の判断に重要な影響を及ぼす事項として説明を行う必要が生じ得ると考えます。

　事後的に，液状化に関する説明義務違反を買主から主張される可能性も否定できないため，ハザードマップなどの国や自治体の公表している情報については，一応の説明を行うべきでしょう。

宅建業法上の説明義務

　液状化の危険がある，ハザードマップに載っているといった程度の抽象的危険が存することについても法的責任を負うか否かについて後述のとおり，検討の余地がありますが，実際に過去に大きな液状化被害が発生したことがあるという事実については，宅地の形質に関する，相手側の判断に影響を及ぼす事項に該当すると考えられるため，液状化被害の程度などの事情によって，宅建業法上，説明を行う必要が生じ得ると考えます。

　故意にその事実を告げなかったり，発生しなかったと偽って説明を行った場合には，宅建業法47条1項に違反するものとして，行政処分の対象となる可能性もあると思われます。

売買契約・仲介契約上の義務

　上記の宅建業法上の義務とは別に，特段，液状化に関する説明を行わずに土地を売却，仲介した場合，説明義務違反として損害賠償義務を負わないか？という問題があります。

　東北地方太平洋沖地震において液状化が発生し，建物が不同沈下したことについて，土地の売主に対し，損害賠償請求訴訟を提起するという事案は，すでに何件も発生しています。宅建業者である売主の説明義務も，争

点の一つとなり得ます。

　前述のとおり，過去に大きな液状化被害が発生しながら，その点を説明せずに土地を売却し，再び同様の液状化被害が発生した場合には，説明を怠った点について，損害賠償義務を負う可能性があると考えられます。

　しかし，過去に大きな液状化被害が発したなど，具体的な液状化の危険性を把握していたという事情もなく，単に売買した土地に抽象的な「液状化の危険性」があったとしても，それを説明しなかったことを理由として，売主や仲介業者に対し損害賠償義務を課すことには，少なくとも以下の２つの点を考えると，疑問があると考えます。

　まず，一つ目は，売買契約段階に問題となり得る「液状化の危険性」が，通常の場合，抽象的であることです。

　個々の建物敷地の地盤の液状化の発生の可能性，被害が生じる危険性・被害の程度は，ボーリング調査などによって地盤の各層（深さ）ごとの土質や地下水位などを知り，一定の検討式に当てはめて予測するものであり，単に地域性から判断できるものではありません。また，仮に地中にて液状化が発生しても，地震の規模がそれほど大きくなく，液状化の程度が小規模で，地表面に近い部分の地盤が安定していれば，建物に不同沈下等の損害を生じさせるには至りません。つまり，売買契約において，売主や仲介業者が，土地の客観的性状として液状化発生の可能性を正確に把握することは，困難と思われます。

　そうすると，売主等が知り得る情報は，ハザードマップなどの行政が公表している被害想定が中心となりますが，これらもグリッド内の地盤が均質であるとは限らず，地域的傾向を示すものに過ぎません。

　したがって，売買契約段階にいう「液状化の危険性」は抽象的なものといわざるを得ず，法的責任を問う根拠として不十分であると思われます。

　二つ目は，この問題が，軟弱地盤の土地の売主・仲介業者の責任問題に類似しており，軟弱地盤であることは，直ちに瑕疵ではないと判断した裁判例が少なくないことです。

　軟弱地盤に対しては，建築工事に際し，建築する建物に応じた杭・基礎，あるいは地盤補強などを行うことによって対応が可能であり，契約上，土地を購入した建築主の側にそれが期待されることが多くなっています。また，軟弱地盤対策に必要な地盤調査も，建築する建物の規模・構造，位置

に応じて，買主の側で行うことが多く，売買契約の段階で地盤の性状まで売主が把握し，地盤の強度を前提とした売買価格の設定を行うことはあまり行われていないことも，理由と考えます。

　液状化に関しても，建築する建物の規模，構造，位置に応じた対策が求められるといえ，上記の点は妥当するように思います。

　したがって，売主等において液状化被害の発生可能性について詳細に調査する義務があるとまではいえず，その点について説明義務を負うという結論にもならないと思われます。

　以上の点から勘案すると，抽象的な「液状化の危険性」を説明せずに，「液状化の危険性」がある土地を買わされたと主張して，責任を問うことは，適切でないと考えます。

リスク回避として説明を行うべきこと

　液状化被害は，東北地方太平洋沖地震を機会に急速に注目されるようになりました。沿岸地域を中心に甚大な被害が発生したため，「○○地域は液状化する」などというイメージが先行しており，ハザードマップに載っているというだけで，「危険な土地」だとして契約の効力を争うなどの事案も見られます。

　そのため，事後のトラブルを避ける上で，液状化が懸念される地域の不動産取引については，説明に十分注意する必要があります。

　まず，液状化に関して，「危険性はない」「危険性は少ない」などの説明は，事実と整合しない可能性があるため，避けるべきです。

　また，前述のとおり，「過去，○○地震の際に地表面に影響を及ぼすほどの液状化が発生して，△△という状態になった。」という具体的事実については，告げる必要があるでしょう。

　さらに，ハザードマップの記載などの公的機関による被害想定については，公開されているものではありますが，当該敷地がこれに一致しない可能性があると付言した上で，情報提供を行うことが望ましいと考えます。

Q53：老朽化し耐震性を欠くビルを建替えたいので，入口の目立つところに「この建物は地震で倒壊します」と掲示してもいいですか？

A　まず，老朽化したビルの建替えを理由とする場合でも，賃貸借契約を終了させ賃借人を退去させるには，賃貸借契約の解約の申入れを認めるに足りる「正当の事由」がなければなりません。

そして，賃貸借契約が存続している場合には，ビルの危険性を利用者に宣伝するなどして，賃借人が使用収益できない状態に至らせた場合，債務不履行に基づく損害賠償請義務を負う可能性があります。

第1章で検討したとおり，建物に何らかの瑕疵があり，地震によって建物が倒壊・損壊してビルの利用者やテナントの従業員に死傷者が出た場合，所有者が工作物責任に基づく損害賠償義務を負う可能性があります（一次的に責任を負うのは占有者である賃借人ですが，通常の場合，賃借人が耐震性の不足について「必要な注意をした」ことが認められ，所有者が責任を負うという結論になると思われます。**第1章Q6**）。

そのため，建物が老朽化し耐震性が不足する状態にあるときは，ビルオーナーとしては，早急にテナントを立ち退かせ，建替えを行いたいと考えるでしょう。

しかし，第4章Q48で検討したとおり，老朽化し耐震性に不足が生じていても，朽廃が迫っているとまでいえなければ，正当事由として不十分であり，正当事由の不足を補うだけの相当の立退料を払わなければ，立退きは認められません。

危険性を殊更に強調すると，債務不履行となることもある

さらに，早期の立退きを促すために，ビルの利用者に向けて，耐震性が不足していることを掲示するなどの行為を行うことは，賃借人の正常な使用収益を妨げる可能性があり，債務不履行に基づく損害賠償義務を負う可能性もあります。

この点について，ビルの賃貸人が建替えを希望し，賃借人が耐震改修を

希望して協議を行っていた事案で，賃貸人が，調査名目で大量の躯体の「コア抜き」を行い，耐震性をさらに低下させたこと，耐震性の不足について「生命・身体の危険」などとビル内に掲示を行う一方，マスコミ各社を通じて「ビル崩壊告発」などと報道させたことなどについて，裁判所は，「大量のコア抜きを強行することにより本件ビルの耐力に大きなダメージを与えて，建替えの方が適当と考えられる状況に至らしめたこと，また，マスコミ等を通じて本件ビルの危険性を殊更に喧伝し，Xが賃借部分を使用収益し得ない状態に立ち至らせたことは，賃貸借契約の債務不履行に当たる。」と判示しました（**東京地裁平成23年3月25日判決**）。

この事案では，ビルが，非常に有名なファッションビルであったことから，マスコミ各社が一斉に取り上げ，利用者の不安を煽ったことによって，転借人であるテナントが販売店を引き上げるなど，正常な営業を継続できなくなる事態が生じました。

賃貸借契約が存続している以上，賃貸人として，賃借人に対し目的物を正常に使用収益させる義務を負っていること，耐震性の危険を殊更に強調して利用者に伝えることは，賃借人の正常な使用収益を妨げる可能性があることを，十分に認識する必要があるでしょう。

参考裁判例

東京地裁平成23年3月25日判決

　もともと建物が必要な耐震性を有しておらず，大規模な補修を必要としていたところ，原告が「柱，梁，構造体から膨大な数に及ぶコンクリートのコア抜きを行う一方，それにより生じる耐力不足を補強する工事も行わないまま放置し，その後，すでに2年余りが経過した結果，本件建物は経済的にみても，大規模補強工事を実施するより建替えの方が優位であるという状態に立ち至っている。」

　「貸主である原告は，借主に対し，本件○○※賃借部分を使用収益させる義務を負っていたにもかかわらず，原告は，耐震補強工事実施の提案あるいはそれに向けた耐震診断を拒否し，コンクリート圧縮強度の調査を再三実施し，大量のコア抜きによって本件建物の健全性への悪影響があるとの懸念が示されていたにもかかわらず，175本ものコンクリートコアを採取する第2次本調査の実施を強行したことにより，本件建物の躯体の耐力に大きなダメージを与えたため，現時点において本件建物を耐震改修して再使用するためには多大な費用が必要となり，解体して建て直す方が適当と考えられる状況に至らしめた上，マスコミ等を通じて，本件建物の危険性を殊更に喧伝し，被告○○が本件○○賃借部分を使用収益し得ない状態に立ち至らせたことは前記認定のとおりであり，かかる原告の行為が本件賃貸借契約上の債務不履行に当たることは明らかである。」

※　○○はファッションビルの名称

第5章

分譲マンションの「建替え」「耐震改修」

区分所有建物である分譲マンションでは，工事の内容・程度に応じた意思決定手続を経て，耐震化を実現していく必要があります。被災時の補修工事に必要な手続と併せて紹介します。

01 | 区分所有法がもたらすもの

区分所有建物に関する意思決定

Q54：分譲マンションで大規模修繕工事を行うには，どのような手続が必要ですか？

A 分譲マンションは，区分所有法の規定により，1棟の建物のうち構造上・利用上の独立性を有する各住戸（専有部分）については，各住戸の各所有者（区分所有者）が独立の所有権を有し，それ以外の部分（共用部分，敷地利用権）については，区分所有者全員が，専有部分の床面積の割合に応じて共有するという法律関係になっています。

分譲マンションにおいて大規模修繕工事を行う場合は，このうち建物の共用部分に手を加えることになりますので，共有者である区分所有者全員で構成される管理組合の決議により，意思決定を行うことになります。区分所有者は，その決定に従わなければなりません。

区分所有とは，所有権を含む物権の客体は独立した1個のものでなければならないという原則（一物一権主義）に対する例外を，法律（**区分所有法**）によって認めたもので，その仕組みを利用したものが分譲マンションです。

このように，分譲マンションの各専有部分に独立の所有権が成立するといっても，本来1棟の建物であり，専有部分同士が一つの建物として物理的に接着していますし，また，専有部分を利用するためには，共用部分を利用することが必要です（玄関ホールや階段，廊下，エレベーターホールなど，区分所有者全員が場所として実際に利用する部分だけでなく，柱や壁，床，基礎部分などといった躯体も共同利用しています。）。そのため，一つの建物を単独で所有する場合とは，異なる定め（制約）が必要となります。

例えば，区分所有者は，専有部分を自由に処分（売却など）することができますが，共用持分の処分はそれに「従う」とされており，分離して処分することはできません（**区分所有法15条**）。また，区分所有者は，区分所有者の共同の利益に反する行為をすることはできません（**区分所有法6条1項**）。

また，共用部分は「共有」関係にあることにより，単独所有の場合よりもその権利行使について制約を受けます。ただし，民法の定める「共有」に関する原則については，後述のとおり，区分所有法による変更（緩和）が加えられています。

共用部分に関する工事で必要な手続

　民法の定める「共有」に関する原則は，共有者の全員の同意を得なければ，共有物に「変更」を加えることはできず（**民法251条**），変更に至らない程度の「管理」に関する事項は共有者の過半数で決し，現状維持を図るための「保存」行為は各共有者が単独で行うことができる（**同法252条**）というものです。

　しかし，これでは何十人，何百人という区分所有者の全員一致を得ることは極めて困難であり，一切の「変更」に当たる行為は行えないことになるため，マンションの適切な管理運営ができません。

　そこで，区分所有法は共用関係にあることによる民法上の制約を緩和しています。

　具体的には，共有物である共用部分に関する工事は，工事の程度・内容が，法律上の区分である処分・変更・管理・保存のどれに当たるかによって，区分所有者の団体である管理組合の決議の要否・程度が定められています（**次頁参照**）。

　なお，建替え・通常の改修の詳細についてはQ58，耐震改修についてはQ61で説明しています。

程度	内容	管理組合決議	根拠法令
処分行為	・建替え ・取壊し，敷地売却（被災した場合）	区分所有者数および議決権数*の5分の4以上	区62条1項 被5条，10条，11条
変更行為	・形状・効用を著しく変更させること	区分所有者数および議決権数の4分の3以上（なお，管理規約により，区分所有者数の過半数かつ議決権の4分の3以上の賛成にまで緩和できる）	区17条1項
	・耐震改修	普通決議 共用部分の変更に該当する耐震改修については，区分所有者数および議決権数の過半数	促25条
管理行為	・形状または効用の著しい変更を伴わないもの	普通決議 区分所有者数および議決権数の過半数（なお，管理規約により異なる定めをすることができる）	区18条1項 促25条
保存行為	・共用部分を維持する行為	不要	区18条1項但書

区：区分所有法
被：被災区分所有建物の再建等に関する特別措置法（被災マンション特例措置法）
促：耐震改修促進法
＊議決権は専有部分の持分割合により決する。（区分所有法38条，14条）

専有部分と共用部分の境界線

Q55：専有部分と共用部分は、どのように区分されますか？

A 専有部分とは、構造上区分され独立して建物としての用途に供することができる部分（区分所有権の目的となる部分）、共用部分とは数戸の専有部分に通ずる廊下または階段室その他構造上、区分所有者の共用に供されるべき部分を原則として、具体的な内容は、管理規約にて定めることとなります。

　専有部分と共用部分の区分は、建物の部分に関して発生する権利義務の主体が、専有部分では各区分所有者となり、共用部分では区分所有者で構成される管理組合となるため、法律上、重要な意味を持ちます。
　例えば、第3章Q44のように、老朽化したまま放置した配管が破損し、漏水事故により下階に被害を発生させた場合、漏水原因箇所と被害発生箇所が専有部分と共用部分のどちらに当たるかによって、損害賠償請求権の権利者・義務者が変わってきます。

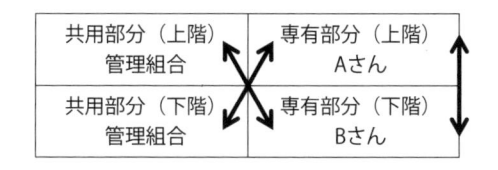

共用部分（上階） 管理組合	専有部分（上階） Aさん
共用部分（下階） 管理組合	専有部分（下階） Bさん

　上記の例は、漏水事故が生じた場合の損害賠償請求に関する権利義務関係の発生を示したものです。3通りのケースが存在することになりますが、そもそも専有区分と共用部分の区分が明確になっていなければ、漏水原因箇所、被害発生箇所がそれぞれ誰の所有、管理にあるものか判断できず、誰と誰の間で権利義務関係が発生しているのかもわかりません。

　マンションにおける専有部分と共用部分の区分は、区分所有法の定めを原則として、区分所有者の団体（**同法3条**）の管理規約（**同法30条**）に定められます。
　すなわち、専有部分とは、区分所有権の目的となる部分であり（**区分所有法2条3項**）、「構造上区分され」「独立して」「建物としての用途に供することができる」（**同法1条**）ことが必要です。

また，共用部分とは，「数戸の専有部分に通ずる廊下又はその他構造上区分所有者全員またはその一部の共用に供されるべき」部分（**同法4条1項**）等，専有部分以外の部分ですが，区分所有権の目的となり得る部分（**同法1条**）であっても，管理規約によって共用部分と定めることができます（**同法2条4項，4条2項**）。

　そして，国土交通省の定める「マンション標準管理規約（単棟型）」（後述）によると，住戸に関しては，天井・床・壁の躯体部分を除く部分，玄関扉の錠・内部塗装部分は専有部分ですが，躯体，玄関扉や窓枠・窓ガラスなどの外部建具そのものは共用部分に当たります。

　また，設備配管・配線については，本管からメーターまたは継手までの分岐部分を共用部分，メーターまたは継手から先の枝管を専有部分と考えるのが一般的です。

　もっとも，専有部分と共用部分の区別は実務的には困難な場合もあります。

　ある建物の部分が専有部分か共有部分かが問題となった事例として，下階の専有部分に上階専有部分の排水管が横引きされているような場合について，標準管理規約によれば専有部分に該当するように思えますが，別の住戸から行う以外にメンテナンスができないという理由で，共用部分であると認定している最高裁判所の判例などがあります（**最高裁平成12年3月21日判決**）。

　国土交通省の定める「マンション標準管理規約（単棟型）」の区分に関する定めは，以下のとおりとなっています。

（専有部分の範囲）
第7条　対象物件のうち区分所有権の対象となる専有部分は，住戸番号を付した住戸とする。

2　前項の専有部分を他から区分する構造物の帰属については，次のとおりとする。
　一　天井，床及び壁は，躯体部分を除く部分を専有部分とする。
　二　玄関扉は，錠及び内部塗装部分を専有部分とする。
　三　窓枠及び窓ガラスは，専有部分に含まれないものとする。

3 第1項又は前項の専有部分の専用に供される設備のうち共用部分内にある部分以外のものは，専有部分とする。

（共用部分の範囲）

第8条 対象物件のうち共用部分の範囲は，別表第2に掲げるとおりとする。

別表第2 共用部分の範囲

1 エントランスホール，廊下，階段，エレベーターホール，エレベーター室，共用トイレ，屋上，屋根，塔屋，ポンプ室，自家用電気室，機械室，受水槽室，高置水槽室，パイプスペース，メーターボックス（給湯器ボイラー等の設備を除く。），内外壁，界壁，床スラブ，床，天井，柱，基礎部分，バルコニー等専有部分に属さない「建物の部分」

2 エレベーター設備，電気設備，給水設備，排水設備，消防・防災設備，インターネット通信設備，テレビ共同受信設備，オートロック設備，宅配ボックス，避雷設備，集合郵便受箱，各種の配線配管（給水管については，本管から各住戸メーターを含む部分，雑排水管及び汚水管については，配管継手及び立て管）等専有部分に属さない「建物の附属物」

3 管理事務室，管理用倉庫，清掃員控室，集会室，トランクルーム，倉庫及びそれらの附属物

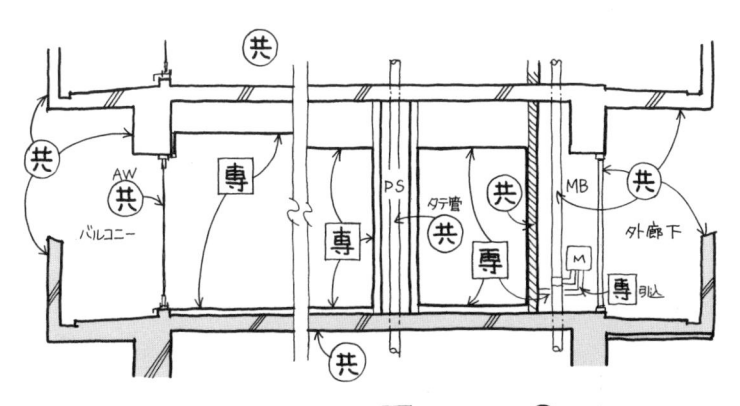

専有部分，共有部分の区別の例

02 | 大地震の被害にどう対応するか？

損害賠償請求権の主体と客体

Q56：大地震で分譲マンションの一部が損壊して、通行人がケガをしました。誰が誰に対して、損害賠償を請求することになりますか？

A　分譲マンションの躯体や外部に設置した付属物、外構の工作物等は、原則として共用部分に当たります（Q55参照）。したがって、これらの共用部分の損壊によりケガをした通行人は、共用部分の所有者である区分所有者全員で構成される管理組合に対して、ケガの治療費などの損害賠償を請求することになるのが原則です。

また、管理組合は建物の損壊という被害を受け、また、通行人に対し損害賠償義務を負うことから、マンションの設計者、施工者に対し、これらの損害について損害賠償を請求することになります。

例えば、地震が発生し、管理組合Aの管理する分譲マンションの脇を通行していたBがケガをしたという、次のようなケースを考えてみましょう。なお、売主はC、設計者・施工者はDです。

　ケース①　住人Eの住戸の窓ガラスの固定に瑕疵があり、ガラスが落下して通行中のBがケガをしました。

　ケース②　住人Eの住戸のバルコニーに設置されたパラボラアンテナの取付が適切でなく、落下して、通行中のBがケガをしました。アンテナは、住人Eが電気業者Fに設置させたものです。

なお、法的責任を問うには、建物や落下物の設置・保存などに「瑕疵」が存在し、それによって損害が生じたことが必要になるので、ここでは、瑕疵が存在することについては明らかなものとして話を進めます（瑕疵の存否については、**第1章Q4参照**）。

通行人に生じた損害

第1章Q1で説明したとおり、土地の工作物に瑕疵があり、これによって他人に損害を生じさせたときは、工作物の占有者が損害を賠償する責任

を負い，占有者が必要な注意を尽くしたといえるときには，工作物の所有者が損害を賠償する責任を負います（民法717条1項）。

　一般に分譲マンションの共用部分は，区分所有者全員の共同所有にあり，原則として共同占有に属しますが，その共用部分の部位によっては，かかる共用部分を排他的に支配する区分所有者の単独占有に属するとみる余地もあると思われます。例えば，専有部分内に位置する躯体や建具は，通常，居住者以外の者がその様子を知ることができません。これらの瑕疵から生じた損害について，居住者が占有者として工作物責任を負う可能性も否定できません。

　もっとも，仮に区分所有者による単独占有が認められる場合であっても，明らかに是正や修繕を要する状態でなければ，損壊の原因が占有者である区分所有者に予見困難であることが多いと考えられ，区分所有者が必要な注意を怠ったとはいい難いと思われます。

　よって，共用部分の損壊によって損害を被った者は，共用部分の所有者である区分所有者全員で構成される管理組合を相手方として，その損害の賠償を請求することになると思われます。

　ケース①の場合，標準的な管理規約によれば，ガラスは住人Eの住戸にあっても共用部分に当たり，管理組合Aの構成員である区分所有者全体の共有に属します。仮に，その占有が，住人Eにあるとしても，元々ガラスがガタ付いていたなどの事情がなければ，住人Eが必要な注意を怠ったとはいい難いといえます。したがって，通行中のBとしては，共用部分の共同所有者である管理組合Aに対し，損害賠償を請求することになると思われます。

　一方，ケース②の場合，アンテナが「工作物」であるといえれば，住人Eの占有物かつ所有物ですので，通行中のBは住人Eに対し，損害賠償を請求することになります。

区分所有者に生じた損害

　建物の損壊によって自らの財産に損害を受けたマンションの住人（区分所有者）は，マンションの売主や損壊の原因（＝建物の瑕疵）を生じさせた設計者・工事監理者（設計者等），施工者に対し，損害賠償請求を行う

ことになります。

　また、区分所有者がケガをした通行人に損害賠償した場合も、工作物の瑕疵の原因を生じさせた者に対して、求償権を行使することが可能です（**民法 717 条 3 項**）。

売主に対する請求（瑕疵担保責任）

　民法 570 条、566 条は、売買の目的物に瑕疵があり、そのために損害が生じたときは、買主は、売主に対し、その損害の賠償を請求することができると規定しています。ただし、時効（引渡しから 10 年）や、契約で定めた瑕疵担保期間（実務上 2 年とすることが多い）に注意する必要があります（**第 1 章 Q4**）。

　なお、本件の場合、崩壊した部分（窓ガラス）が構造耐力上主要な部分（**品確法 95 条、94 条**）ではありませんので、仮に平成 12 年 4 月 1 日の品確法施行日以降に新築住宅として売買されたものであっても、買主は、売主に対し、引渡しから 10 年間の瑕疵担保責任を問うことができません。

設計者等、施工者に対する請求（不法行為責任）

　民法 709 条は、故意又は過失によって他人の権利又は法律上保護された利益を侵害した者は、これによって生じた損害を賠償する義務を負う、と規定しています。設計者等および施工者は、居住者や利用者、通行人などの第三者との関係でも、建物の建築に当たり、当該建物に「建物としての基本的な安全性」が欠けることがないように配慮すべき注意義務を負っており、この義務を怠ったために生じた瑕疵によって、居住者等の生命、身体または財産が侵害された場合には、不法行為責任を負うとされています（**最高裁平成 19 年 7 月 6 日判決**）。

　本件の場合、誰にどのような過失（注意義務違反）があり、瑕疵が発生したのかによりますが、不法行為時から 20 年間、被害者が瑕疵を知ってから 3 年間以内であれば（**民法 724 条**）、瑕疵を発生させた者に対し損害賠償請求をすることができます（**第 1 章 Q2、Q5 参照**）。

　なお、複数の者の過失が競合して損害を発生させた場合には、共同不法行為（**民法 719 条**）が成立し、過失ある者全員が連帯して、全額の賠償を負うことになります。

本ケースでは？

ケース①の場合，建物に損害が生じ，かつ通行中のBに対し損害賠償を支払った管理組合Aは，マンションの売主Cに対しては売買の瑕疵担保責任に基づき，マンションの設計・施工を行った設計者・施工者Dに対しては不法行為に基づき，それぞれ損害賠償請求を行うことになります。

一方，ケース②の場合，通行中のBに対し損害賠償を支払った住人Eは，アンテナを設置した電気業者Fに対し，不法行為および請負の瑕疵担保責任（**第6章Q70参照**）に基づき，損害賠償請求を行うことになります。

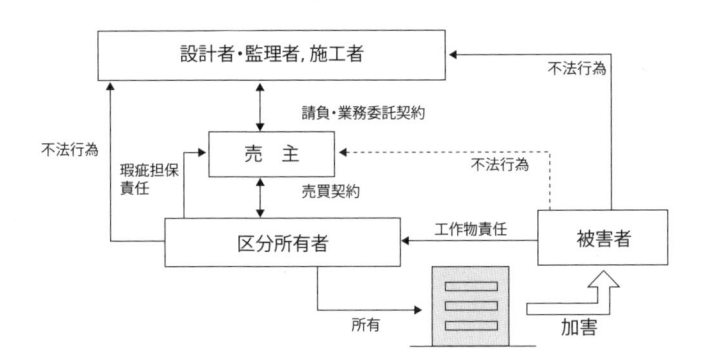

判断基準と合意形成

Q57：建替えと修繕，どちらを行うべきかは，何を基準に判断すればよいですか？

A 大地震により被災し，マンションに相当程度の損傷を受けた場合，区分所有者は，建替えか修繕かという重要な判断を迫られることになり，また工事に必要となる区分所有者間の合意形成（管理組合決議）を行う必要があります。もっとも，損傷を長期間放置することは好ましくなく，時間的な猶予はありません。

判断基準の一つの例として，国土交通省の「マンションの建替えか修繕かを判断するためのマニュアル」があります。同マニュアルは，費用対改善効果に関する客観的な「物差し」となり得るものであり，区分所有者間の合意形成のためのツールとなります。

国土交通省のマンション建替え・改修政策

わが国においては，建築後相当の年数を経たマンションが相当数存在しており，今後，さらに急激に増加していくものと見込まれます。

そこで，国土交通省は，これらの円滑な建替え・改修を推進するため，「マンションの建替えの円滑化等に関する法律（**マンション建替え円滑化法**）」を柱に，マンションの建替え・改修に関するさまざまな政策を進めています。

そして，その政策の一環として，以下の各マニュアルを作成し，ホームページで公開するなどして，利用を促しています。

これらは，被災マンションを想定したものではありませんが，必要な手続や事業の進め方に関して参考になります。

「マンションの建替えか修繕かを判断するためのマニュアル」
「マンション建替えに向けた合意形成に関するマニュアル」
「マンション建替え実務マニュアル」
「改修によるマンションの再生手法に関するマニュアル」
「マンション耐震化マニュアル」
「団地型マンション再生マニュアル」
「マンション標準管理規約」

「マンションの建替えか修繕かを判断するためのマニュアル」の概要

　「マンションの建替えか修繕かを判断するためのマニュアル」（以下，「マニュアル」といいます。）は，被災していない通常の状態を前提とするものですが，マンションの建替えと改修（修繕）それぞれについて，「費用」対「改善効果」を比較することによって建替えか修繕かの判断を行うとし，判断のための調査・検討のプロセスと比較のポイントなどを示しています。

　判断の概略は，以下のとおりです。

　まず，建物について，

①現在の老朽化の程度や問題点を把握し，改善水準を設定します。

　次に，建替え，改修のそれぞれについて，

②必要な工事を確定し，

③それによって得られる改善効果（達成度）と，

④かかる費用を算定し，

⑤両者を総合的に比較します。

　また，①の老朽化の程度や問題点の把握については，安全性（構造上，防火・避難上）と居住性（躯体・断熱，設備，エレベーター）に分けて調査・評価を行うよう，安全性・居住性，それぞれの詳細な調査項目・評価方法（グレードA～Cなどの分類）が挙げられています。

　このような費用対改善効果の比較は，一見，簡単な作業に見えますが，調査・評価すべきポイントが明確でないと，恣意的な判断に流れて客観的な結果が出ません。こうした共通の「物差し」は，区分所有者間での認識の共通化を図り，合意形成を行う上で，有用であるといえます。

　マニュアルによれば，修繕による「改善効果の程度」で必要な安全性を確保できないという場合には，当然建替えを選択すべきとされます。

　これに対し，修繕による「改善効果の程度」で要求される居住性能の向上が見られないという場合には，それでも修繕を選択するのかどうか，住民・管理組合の意見を聴いて判断するべきということになります。

　さらに，容積率オーバーなど集団規定に関する既存不適格の建物では，建替えを選択することによって，住戸面積の減少を回避できず，修繕の場合よりも居住性が低下することがあるので，この場合には修繕が有利であ

ると指摘しています。

　以上のような改善効果の程度を比較した結果，建替え・修繕のいずれであっても要求水準に達する改善効果が得られるという場合には，ハイコスト・ハイリターンである建替えと，ローコスト・ローリターンである修繕のいずれを選ぶのか，という問題となります。

容積率オーバーの既存不適格マンションの容積率不足を解消する方法

　建築当時は適法だったマンションが，その後の建築基準法の改正や都市計画の変更によって，現行法の容積率に適合しない状態（容積率オーバー）になることがしばしば見られます。こうした既存不適格マンションは，建替えによって床面積が小さくなることから，合意形成がより一層難しくなると思われます。

　この問題を解消する方法として，「マンション建替えに向けた合意形成に関するマニュアル」資料・各論編では，
　　①隣地を含めて建替える方法（隣地を購入するか，共同で建替え）
　　②連担建築物設計制度を用いる方法
　　（隣地の容積率の余剰分を購入。特定行政庁の認定が必要）
　　③総合設計制度を用いる方法
　　（空地の確保等の技術基準を満たすこと。特定行政庁の許可が必要）
を紹介しており，問題解決のヒントとなると思われます。

　従来は，区分所有法に基づく法定建替え（**法62条**）の場合，建替えの前後を通じて敷地は同一でなければなりませんでしたが，平成14年の改正により緩和され，①の隣地を含めた建替えも可能となりました。

　また，地震により被災したマンションに限られますが，平成25年の被災マンション特別措置法改正により，土地の売却に必要な決議要件が全員一致から区分所有者数及び議決権数の各5分の4以上に緩和されました。建替えの計画や事業の進め方（土地を一旦事業者に売却する等価交換方式など）に，より柔軟性を持たせるものと評価できるでしょう。

Q58：建替えと修繕，工事の実施には，それぞれどのような手続が必要ですか？

A　マンション建替えを行うためには，管理組合の集会において区分所有者及び議決権の各5分の4以上の多数で決議する必要があります。決議が可決した場合は，建替えに参加しない者の区分所有権および敷地利用権を買い取る措置をとることとなります。

一方，修繕（改修）を行うための手続は，工事の内容・程度によって異なります。建物としての形状・効能を著しく変更させるものであれば，集会において区分所有者及び議決権の各4分の3以上の多数で決議する必要がありますが，形状・効能を著しい変更を伴わないものであれば，区分所有者および議決権の過半数で決する普通決議で足ります。また，共用部分を維持するためのものであれば，区分所有者各自が単独で行うことが可能です。

建替えのために必要な決議の要件

建替えに必要な決議要件は，「集会において，区分所有者及び議決権の各5分の4以上の多数」の賛成です（**区分所有法62条1項**）。

つまり，区分所有者の頭数で計算した区分所有者数全体の5分の4以上の賛成（頭数要件）に加えて，区分所有者の議決権の5分の4以上の賛成（議決権要件）の両方が必要です。

規約で特段の定めをしない限り，各区分所有者の有する専有部分の床面積の割合が，議決権割合となりますので（**同法38条，14条1項**），専有部分（住戸面積）が広ければ広いほど，議決権割合も大きくなります。

以上の決議要件については，規約を定めて過半数などに要件を緩和できないものとされていますので，注意が必要です。

また，マンションの建替え決議に際しては，①新たに建築する建物の設計の概要と②費用の概算額，③費用負担に関する事項，④区分所有権の帰属に関する事項を定めなければならないとされています（**同法62条2項1号**）。どのような建替え計画なのかがわからなければ，賛否の判断ができないからです。

①の設計概要については，具体的には，建物用途，構造，階数，面積

（建築面積，延床面積，各階ごとの床面積など），さらには，各専有部分の配置・面積間取りなどについても定める必要があるとされています（**「マンション建替え実務マニュアル」参照**）。

決議要件を満たさない決議，また，①～④の事項を定めずに行った決議は無効となります。

建替え決議が可決されたら

上記の要件を満たした建替え決議が成立したとしても，次に，建替えに反対した区分所有者の処遇が問題となります。

まず，集会召集権者（標準管理規約によれば理事長）は，決議に反対した者に対して，建替えに参加するか否かの回答すべき旨を，書面で催告しなければなりません（**区分所有法63条1項**）。

そして，それでも建替えに参加しない者に対しては，賛成者，建替えに参加する旨の回答をした者，買受指定者が，その区分所有権および敷地利用権を「時価」で売り渡すよう請求できることになります（**同法63条4項**）。

この場合の売渡し請求における「時価」は，建替えを相当とする物理的な状態における建物および敷地の価格（現時点での客観的価値）ではなく，「建替え決議の存在を前提としての時価」，つまり，建替えによって実現される利益を考慮した価格（「建替え後の価値」－「建替えに要する費用」等）であるとされています（**「建替え実務マニュアル」**）。

修繕のために必要な手続

修繕（改修）を行うための手続は，工事の程度・内容によって異なります。Q54で示したとおり，予定している修繕が，法律の区分する変更行為，管理行為，保存行為の三段階のどれに該当するかによって，決議要件が異なります。

まず，その形状または効用の著しい変更を伴う共用部分の工事（変更行為）については，区分所有者及び議決権の各4分の3以上の多数による集会の決議を要します（**同法17条1項**）。ただし，建替えの場合と異なり，管理規約により，決議要件を緩和することは可能です（**同法17条1項但書**）。

また，その形状または効用の著しい変更を伴わない共用部分の変更（管理行為）については，区分所有者及び議決権の各過半数による集会の決議を要します（**同法18条1項，39条1項**）。

さらに，共用部分を維持する工事（保存行為）であれば，決議は不要で，区分所有者各自が単独で行うことが可能です。

「形状または効用の著しい変更を伴う」修繕，「伴わない」修繕とは？

「著しい変更」を伴う工事（変更行為）の具体例として挙げられるのは，外壁全体のタイルの貼り替えなど，多額の費用を要する改良工事や，エレベーターや給排水設備の新機種導入など，共用部分・建物敷地の形状・効用を大幅に変える工事です。

一方，クラック部分への樹脂注入や，地震で落下したエレベーターの修理，地割れで壊れた緑地帯の修復といった行為は，その程度にもよりますが，「著しい変更」に至らない日常的な管理事項（管理行為）の範囲内であると解されています（丸山英氣・折田泰宏編「Q＆A被災不動産の法律相談」清文社，1995年）。

「共有部分を維持する工事」とは？

例えば，停電で停止したエレベーターの点検，被災した廊下・敷地などの汚損の清掃などが考えられます（保存行為）。

これらは，決議不要であり，区分所有者が単独で行うことが可能です。これらの費用については，他の区分所有者に求償することができます（**19条**）。

以上については，Q54の一覧表にまとめています。

> **参考裁判例**
>
> 　建替え・修繕行為に必要な決議要件について述べてきましたが，建替え決議の有効性が事後的に争われた事例として，以下の裁判例があります。
>
> 　神戸地裁伊丹支部平成13年10月31日判決は，建替え決議につき，補修工事見積額が過大であることを理由として，決議の無効確認の請求がなされた事案です。裁判例は，建物にどの程度の効用を期待するかは，相対的な価値判断の問題であり，まず第一次的に区分所有者が判断すべきものであるから，建物の効用を維持し，または回復するのにどの程度の補修工事をするか，どの程度の費用を投じるかについての大多数の区分所有者の主観的判断は，それが不合理といえない限り，これを十分尊重すべきものであるとして，補修工事見積額は相当であり，決議は有効であると判断しました。
>
> 　一方，東京高裁平成19年9月12日判決は，マンションを建て替える旨の決議につき，再建建物の敷地の特定がされていないこと，および，地上権の処理について明らかにされていないことから，法62条2項1号の要件を満たしていないとして，決議を無効と判断しました。
>
> 　建替えの要否は，本来，区分所有者それぞれの判断に委ねられるべき財産処分の問題です。そのため，前著の神戸地裁判決のような決議内容の当否の問題は，決議の有効性に影響を与えない一方，後者の東京高裁判決のような区分所有者の判断の基礎となる資料に不備があった場合には，決議の有効性に影響を与えるという考え方が表れているといえます。

Q59：修繕に必要な工事費は，誰がどのような割合で負担するのですか？

A　共用部分の修繕に必要な工事費は，管理規約に別段の定めがない限り，各区分所有者全員が，共有持分に応じて負担するとされています（区分所有法19条）。

　共用部分の補修費用は，管理規約に別段の定めがない限り，各区分所有者全員が，原則として専有部分の床面積に割合に応じて定められるその共有持分（区分所有法14条1項）に応じて，負担します（同法19条）。

　具体的にどのように費用を捻出するかについては，国土交通省「マンション標準管理規約」またはそれと同様の規定が定められていることを前提とすると，修繕積立金（マンション標準管理規約28条1項）や管理費（同規約27条）より支払い，不足分は追加徴収を行うことになります。

修繕積立金の取り崩し等

　積み立てた修繕積立金を取り崩して工事費に充てるためには，当該工事が，「不測の事故その他特別の事由により必要となる修繕」など修繕積立金の取り崩し事由に該当すること（同規約28条1項），および，管理組合の総会の決議を経ていることが必要です（同規約48条6号，7号）。

　この決議は，修繕を行う旨を決する決議とは別に必要となりますが，大規模修繕の決議と異なり，普通決議で足ります。

　上記の，修繕積立金の取り崩しをもってしても足りない場合は，各区分所有者に対し共用持ち分に応じて追加徴収することになります。この場合の決議も，普通決議と考えられています（「その他管理組合の業務に関する重要事項」同規約48条15号）。

費用負担割合と各区分所有者が受ける利益は一致しない

　前述のとおり，共用部分の修繕費用は，原則として各区分所有者の共有持分に応じて，負担することになります。通常の管理費の負担の仕組みと同じですが，修繕費用が多額になると，修繕により各区分所有が受ける利益とは無関係に専有面積が多いというだけでより多くの負担を求められる

ことから，不公平感が生じる可能性があります。

　例えば，構造的には2棟に分かれた1つの建物の内，1棟のみが著しい損傷を生じた場合，損傷が生じなかった棟の住民も，修繕費用を負担することになります。また，エレベーターをまったく使用したことがない1階の住民も，エレベーターの修繕費用を負担しなければなりません。

　しかし，各区分所有者が，当該修繕部分についてどの程度の関係があり，修繕によってどの程度の利益を受けるかなど，個別に客観的に算定することは困難です。

　そこで，具体的利害関係を考えずに，一律に費用負担の割合を決することは，合理的なものとして認められています（**後掲：東京地裁平成5年3月30日判決**）。

参考裁判例

東京地裁平成5年3月30日判決
　「区分所有建物においては各区分所有者の利害は必ずしも一致せず，また，利益状況も各区分所有者ごとに異なっているのが通常である。しかしながら，共用部分につき各区分所有者が受ける利益の程度を管理費の額にすべて反映させることは不可能であり，また，相当であるともいえず，共用部分に対する各区分所有者の利害得失をある程度捨象し，一律に各区分所有者の専有部分および専用使可部分の面積に応じて管理費を負担することは合理的な方法であるということができる。」

03 | 耐震補強の進め方

分譲マンションの耐震診断義務

Q60：分譲マンションでも，耐震診断と結果の報告が義務となる場合がありますか？

A 促進法は，一定の規模・用途の建物について，耐震診断の実施と結果の報告を義務づけていますが，分譲の共同住宅は，規模を問わず規制の対象外であり，原則として，耐震診断・報告の義務を負いません。

ただし，都道府県・市町村は，地震時における緊急輸送や円滑な避難等の確保を目的として，耐震改修促進計画において道路の指定をすることになっており，それらの道路に敷地が接している場合は，分譲マンションであっても，「通行障害既存不適格建築物」として，耐震診断・報告が義務となります。

耐震改修促進法における分譲マンションの位置付け

改正促進法は，「要緊急安全確認大規模建築物」等に該当する，小・中学校，病院，官公庁，老人ホーム等の特定の用途の大規模建築物に対しては，耐震診断・報告を義務付けています（**同法附則3条，7条1項1号，5条3項1号**）。避難場所となる小・中学校や，傷病者が運び込まれる病院などについては，大地震発生時にその機能を発揮することが特に強く要請されるため，また，老人ホームのような避難弱者が利用する建築物は，耐震性の不足が重大な被害につながり得るため，このような義務付けがなされているのです。

しかし，分譲マンションに関しては，建物の規模・用途による耐震診断・報告の義務付けの対象とはされていません。賃貸マンションが所管行政庁の指導・助言，指示の対象である「特定既存耐震不適格建築物」とされている（**同法14条，同施行令6条**）にもかかわらず，分譲マンションはこの対象にもなっていません。

確かに，分譲マンションは，多数の人が起居就寝に利用する建物ですが，先の耐震診断・報告義務の対象となる用途に比べれば，災害時において，特にその機能性発揮を強く要請されるものではありません。また，分譲マ

ンションが個人財産としての性質が強い点や，耐震診断・耐震改修を行うことについて区分所有者の合意形成が必要となるなどの事情も，考慮されたのではないかと思われます。

もっとも，以下に述べるとおり，建物の立地を根拠として，耐震診断・報告が義務となる場合があります。

幹線道路の沿線に立地するマンションは，耐震改修のチャンス

大地震発生時に多数の人々が集まる幹線道路や，避難経路・緊急道路として重要な道路に面して立地する建物は，大地震発生時に倒壊した場合に，避難等に重大な支障を発生させる可能性がありますから，建物が倒壊する事態を回避しなければなりません。

そこで，促進法は，都道府県または市町村が一定の道路を指定し，当該道路に接する敷地上に立地する一定の形状の建築物については，「通行障害既存不適格建築物」として，耐震診断・報告が義務付けられるものとしています（**同法7条1項2号，3号，5条3項2号，3号，同法施行令4条，第1章Q7参照**）。この対象となる建物には，分譲マンションも含まれます。

したがって，幹線道路沿いに立地する分譲マンション等については，耐震診断・報告の義務の対象となっている可能性があります。

なお，対象となる道路の指定は，都道府県や市町村の耐震改修促進計画の策定や改訂を通じて，順次行われます。

この「通行障害既存不適格建築物」に関しては，都道府県または市町村は，所有者からの申請があった時に耐震診断費用の負担をしなければならないとされており（**同法10条**），マンション管理組合として費用負担をする必要がない上，仮に，診断の結果，耐震性に不足があることが判明し，実際に耐震改修工事を行う場合には，相当高い割合で助成を受けることができる可能性があります。

なお，促進法改正より一足早く，緊急輸送道路沿道の建築物について，耐震診断の義務化と耐震改修等の助成制度の拡充を行った東京都などでは，高い助成率を背景に，急速に耐震化を進めています。

この促進法の改正によって，全国的に同様の制度が整ったということになりますが，耐震診断義務を負う分譲マンションは，耐震改修の絶好の機会を得たと考えるべきでしょう。

Q61：耐震診断実施の意思決定から耐震改修工事の実施までの手順は、どのようになりますか？

A 耐震診断・耐震改修を行うことを決定した場合、一般的には、耐震診断、耐震化検討、耐震化計画、耐震改修工事実施の各段階を踏むこととなります。そのため、それらの各段階で、実施方法や予算支出についての意思決定の手続、つまり、管理組合の総会決議、理事会決議が必要となります。

従来、決議要件が厳しかった耐震改修の実施を決定する決議は、促進法改正により、耐震改修工事の内容が促進法25条所定の認定を受けていれば、区分所有者および議決権の各過半数で足りることになりました。

ただし、専有部分への特別な影響を及ぼす場合には、その専有部分の所有者の承諾が必要となりますので、注意が必要です（区分所有法17条2項）。

「マンション耐震化マニュアル」が示す耐震化の手順

第5章Q57で、国土交通省作成のマンション建替え等に関する各マニュアルを紹介しましたが、その中の一つ、「マンション耐震化マニュアル」は、耐震診断に関する事前の専門家相談から耐震改修工事の実施に至る手順や、費用負担の考え方などを示すものとして、参考になります。

耐震改修を行うか否かの判断をするためには、耐震診断を行う必要がありますが、まずは、耐震診断費用の予算化が必要となります（耐震診断実施の段階）。

耐震診断の結果、耐震化が必要であると判断された場合、耐震化の手法（建替えか、耐震補強かなど）を比較検討し、決定することになりますが、この調査を行う検討組織の設置や調査資金についても、予算化が必要となります（耐震化検討の段階）。

その後、比較検討の結果から、耐震化の手法を選定することになりますが、各区分所有者の意向を把握した上で、資金調達方法・費用負担などの決定をしなければなりません（耐震化計画の段階）。

そして最終的に、耐震化計画の内容に従って、耐震化を実施する決定が必要になります（耐震改修実施の段階）。

調査～計画で必要となる決議

上記の耐震診断，耐震化検討，耐震化計画の各段階においては，専門家費用の予算化，組織の設置などの方針決定をする必要があることから，原則として区分所有者および議決権の各過半数による普通決議（**第5章Q54参照**）が必要になります（**区分所有法39条，マンション標準管理規約48条2号，15号**）。

管理規約において，修繕積立金の使途について特に制限がなければ，決議は上記で足りますが，使途を大規模修繕工事に限るなどの制限を設けている場合（古い管理規約に見られます。）は，まず，管理規約を，修繕積立金の使途の制限がないものに，特別多数決議（**区分所有者及び議決権の各4分の3以上**）をもって改正するとことから始めなければならない可能性があります（**区分所有法31条**）。

耐震改修工事を実施するための決議

工事の実施を決定する際にも総会決議が必要となりますが，その決議要件は，耐震改修工事のみを行う場合と，タイルの全面張り替えなど，他の大規模修繕工事をも一緒に行う場合とで，異なります。

第5章Q54，Q58でも示したように，区分所有法上，共用部分の変更のうち，「形状または効用の著しい変更」に当たるものは区分所有者及び議決権の各4分の3以上の決議を要するものとされ（**区分所有法17条1項**），他方，「形状または効用の著しい変更」に当たらないものは区分所有者及び議決権の各過半数による決議で足りるものとされています（**同法18条1項，39条**）。

耐震改修工事は，躯体の耐震性を向上させる工事であり，通常，柱・梁・壁などの主要構造部の多数に変更を加えるものであることから，「形状または効用の著しい変更」に該当すると解されています。そのため，従来は，区分所有者及び議決権の各4分の3以上の多数決議を要すると解されていました。

しかし，今回の促進法改正によって，耐震改修工事の内容が「区分所有建築物の耐震改修の必要性に係る認定手続（**促進法25条**）を経ている場合には，区分所有者及び議決権の各過半数の決議によって行えるようになりました（この「認定」は，「計画の認定」（**同法17条**），「建築物の地震に対

する安全性に係る認定」(**同法22条**) とは異なります (**第1章Q9参照**)。)。

　ただし，耐震改修工事が，特定の区分所有者の専有部分の使用に対し，「特別の影響」を及ぼす場合には，後述のとおり，その区分所有者の承諾が必要となります (**同法17条2項**)。

　一方，耐震改修工事と並行して，通常の大規模修繕工事が行われることがしばしばあると思われますが，その場合，大規模修繕工事の内容が形状・効用の著しい変更を伴うものであれば，従来どおり，区分所有者及び議決権の各4分の3以上の決議が必要となります。

耐震改修工事による専有部分への「特別な影響」

　区分所有法17条2項の「特別の影響」の具体例としては，耐震改修工事による恒常的な影響として，使用できる有効面積の減少や，圧迫・採光等の環境悪化，バルコニーに出られなくなるなどの使い勝手の変更などが考えられます。また，一時的な影響として，引越・仮住まいの必要などがあります。

　全区分所有者の財産である共用部分の価値が向上するのに対して，特定の区分所有者にのみマイナスの影響が及ぶのは著しく公平を欠くことから，特別の影響を受ける区分所有者の承諾が特に必要とすることで，費用負担の決定において特別な影響を考慮する (減額する) などの調整を図ろうとしています (負担金による利益調整については，Q62で後述します)。

　「特別の影響」を及ぼす場合か否かの判断にあたっては，耐震改修工事の必要性と，これによって特定の専有部分の区分所有者に生じる不利益を比較して，区分所有者に生じる不利益が受忍すべき限度を超えるものか否かが考慮されるとした裁判例があります (**神戸地裁姫路支部平成9年5月27日判決**)。

　なお，居住性等の影響に関する評価の方法は，前述の「マンション耐震化マニュアル」にも記載されています。

第 5 章：分譲マンションの「建替え」「耐震改修」

別表　マンション耐震化の進め方（国土交通省「マンション耐震化マニュアル」平成 22 年版より抜粋）

■耐震診断段階の基本的な進め方

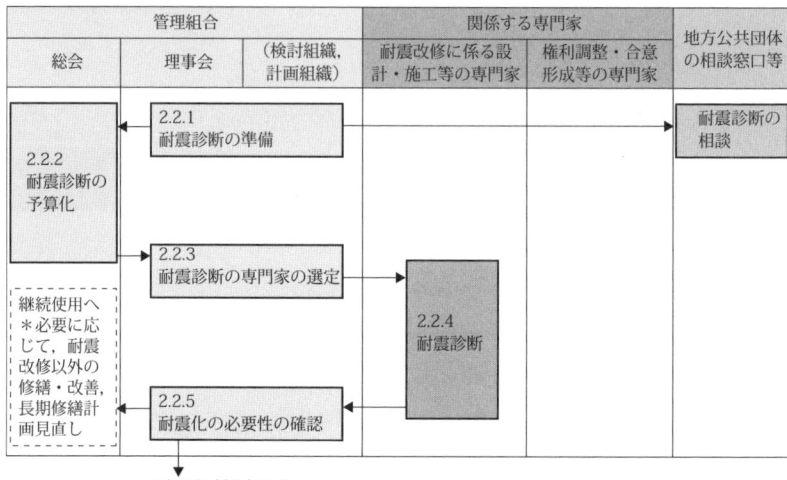

管理組合			関係する専門家		地方公共団体の相談窓口等
総会	理事会	（検討組織、計画組織）	耐震改修に係る設計・施工等の専門家	権利調整・合意形成等の専門家	

- 2.2.2 耐震診断の予算化
- 2.2.1 耐震診断の準備
- 2.2.3 耐震診断の専門家の選定
- 2.2.4 耐震診断
- 2.2.5 耐震化の必要性の確認
- 耐震診断の相談

継続使用へ
＊必要に応じて、耐震改修以外の修繕・改善、長期修繕計画見直し

耐震化検討段階へ

■耐震化検討段階の基本的な進め方

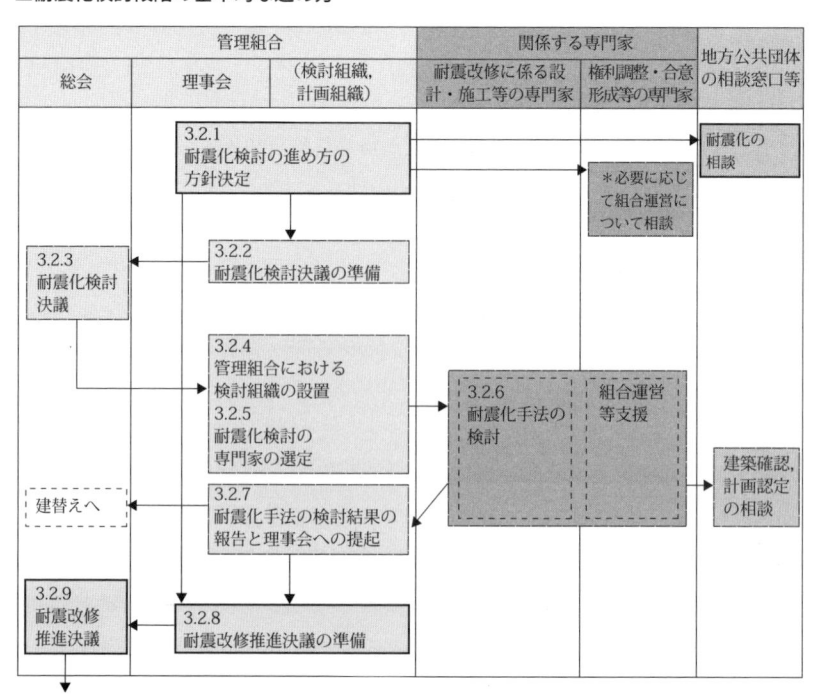

管理組合			関係する専門家		地方公共団体の相談窓口等
総会	理事会	（検討組織、計画組織）	耐震改修に係る設計・施工等の専門家	権利調整・合意形成等の専門家	

- 3.2.1 耐震化検討の進め方の方針決定
- ＊必要に応じて組合運営について相談
- 耐震化の相談
- 3.2.2 耐震化検討決議の準備
- 3.2.3 耐震化検討決議
- 3.2.4 管理組合における検討組織の設置
- 3.2.5 耐震化検討の専門家の選定
- 3.2.6 耐震化手法の検討
- 組合運営等支援
- 建築確認、計画認定の相談
- 3.2.7 耐震化手法の検討結果の報告と理事会への提起
- 建替えへ
- 3.2.8 耐震改修推進決議の準備
- 3.2.9 耐震改修推進決議

耐震改修計画・実施段階へ

■耐震改修計画段階および耐震改修実施段階の基本的な進め方

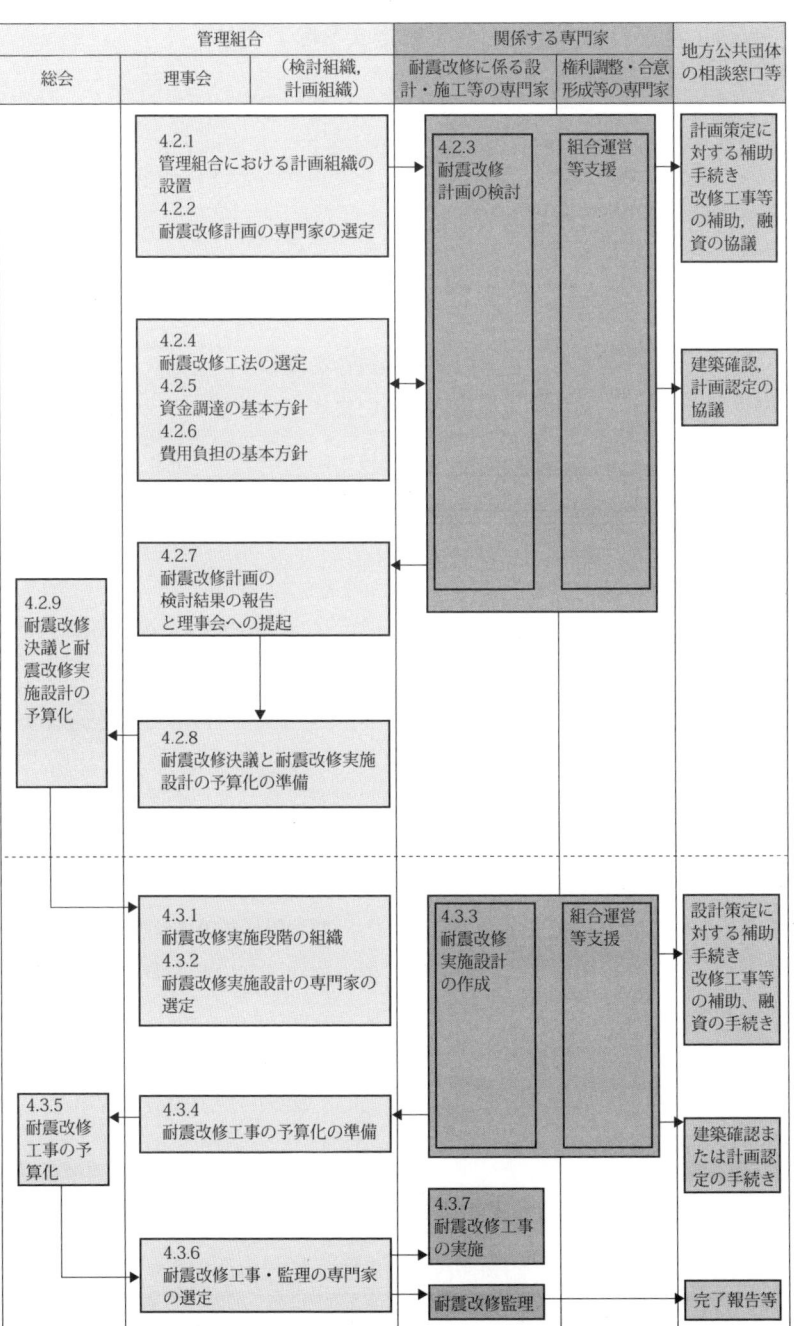

管理組合			関係する専門家		地方公共団体の相談窓口等
総会	理事会	（検討組織，計画組織）	耐震改修に係る設計・施工等の専門家	権利調整・合意形成等の専門家	
	4.2.1 管理組合における計画組織の設置 4.2.2 耐震改修計画の専門家の選定		4.2.3 耐震改修計画の検討	組合運営等支援	計画策定に対する補助手続き 改修工事等の補助，融資の協議
		4.2.4 耐震改修工法の選定 4.2.5 資金調達の基本方針 4.2.6 費用負担の基本方針			建築確認，計画認定の協議
		4.2.7 耐震改修計画の検討結果の報告と理事会への提起			
4.2.9 耐震改修決議と耐震改修実施設計の予算化		4.2.8 耐震改修決議と耐震改修実施設計の予算化の準備			
	4.3.1 耐震改修実施段階の組織 4.3.2 耐震改修実施設計の専門家の選定		4.3.3 耐震改修実施設計の作成	組合運営等支援	設計策定に対する補助手続き 改修工事等の補助、融資の手続き
4.3.5 耐震改修工事の予算化		4.3.4 耐震改修工事の予算化の準備			建築確認または計画認定の手続き
	4.3.6 耐震改修工事・監理の専門家の選定		4.3.7 耐震改修工事の実施 耐震改修監理		完了報告等

03 ― 耐震補強の進め方

耐震改修の費用負担

Q62：耐震改修に必要な工事費は，誰がどのような割合で負担するのですか？

A 通常の修繕工事費と同様，管理規約に別段の定めがない限り，各区分所有者全員が，共有持分に応じて負担することが原則です（区分所有法19条）。

ただし，耐震改修工事が，特定の区分所有者の専有部分の使用に特別の影響を及ぼす場合は，その影響の程度を金額に換算し，負担の額の算定に際して考慮することができます。

また，区分所有者は，自身の決議の賛否を問わず，有効に成立した改修決議に拘束され，費用の負担義務を負います。したがって，修繕積立金だけでは費用が不足する場合は，管理組合は，全区分所有者に対し，一時金を請求し，支払わない者に対しては，訴訟等の法的手続を検討する必要があります。

特別の影響を及ぼす場合の負担金

耐震改修費用は，原則として，共用持分（専有面積の割合）に応じて負担することになりますが，Q61で述べたような居住性の悪化や仮住まいの負担など，耐震改修工事による特別の影響が及ぶ住戸の区分所有者に関しては，影響の程度を金額に換算し，負担額を軽減することが考えられます（マンション耐震化マニュアル）。共用持分に応じた費用負担は，それに対応する利益を得ることを前提としており（区分所有法19条参照），利益がマイナスとなる区分所有者に対しては，費用負担においても考慮する必要があると思われます。

この場合，費用を軽減した分を他の区分所有者が負担しなければなりませんので，特別の影響分などをコストとして加味した耐震改修費用を，全体として算出する必要があります。

一時金を徴収する場合の未納者対応

区分所有者は，たとえ耐震改修工事の実施に反対していたとしても，有効に成立した改修決議に拘束されますから，共用持分に応じた（または，

特別の影響を考慮した。）耐震改修費用を負担しなければなりません。

　耐震改修費用については，Q61 で述べたとおり，修繕積立金の使途について大規模修繕費用に限るなどの制限がなされていなければ，修繕積立金の取崩しを行うことができます。もっとも，修繕積立金だけでは費用が不足する場合は，管理組合は，全区分所有者から，一時金を徴収することになります。

　なお，修繕積立金の取崩しにて耐震改修費用を支出する場合に，前述の，「特別の影響」を考慮した費用負担の軽減を，具体的にどのように実現するかは，個別に検討する必要があります。

　一時金を徴収する場合に，任意に区分所有者からの支払いが得られない場合，最悪の場合，支払請求の訴訟を提起するなど，法的手続により回収する必要が生じる可能性があります。もっとも，支払いを行わない者の中には，支払うべき財産がなく，支払うことができない者が多く含まれていますので，請求を認容する判決を得ても，現実に支払いを得ることが難しい場合も考えられます。

管理費等の未払いにどう対応するか？

　管理者である管理組合理事長または管理組合法人は，区分所有者に対する耐震改修費用等の請求権（集会の決議に基づき他の区分所有者に対して有する債権）について，区分所有者の区分所有権及び建物に備え付けた動産の上に，共益費用としての先取特権を有するとされています（**区分所有法7条**）。つまり，分譲マンションという区分所有者の特定財産から，他の一般債権者に優先して支払いを受けることができるということが，法律上認められています。

　もっとも，マンションには，通常，それを購入するために利用した住宅ローンの貸付金の返還請求権を担保するものとして，金融機関による抵当権の設定がなされており，先に設定された抵当権がこの先取特権に優先する関係にあります。

　そのため，仮に，マンションについて競売の申立を行ったとしても，マンションの価格が抵当権設定時より下がっていたり，ローンを滞納していたりしてローン残額の方が区分所有権の価値を上回る場合など，管理組合が支払いを得られないという結論になる可能性もあります。

　もっとも，マンションが売買や競売によって譲渡された場合，管理組合の耐震改修決議は，次の持ち主に対しても効力を持ちますので，管理組合としては，次の区分所有者に対し，一時金の支払いを求めることになります。

区分所有法7条
　「区分所有者は，共用部分，建物の敷地若しくは共用部分以外の建物の附属施設につき他の区分所有者に対して有する債権又は規約若しくは集会の決議に基づき他の区分所有者に対して有する債権について，債務者の区分所有権（共用部分に関する権利及び敷地利用権を含む。）及び建物に備え付けた動産の上に先取特権を有する。」

施工に関する問題

Q63：耐震改修工事の実施に際しては，どのような問題が考えられますか？

A 耐震改修工事は共用部分に関する工事ですが，専有部分の使用にも影響が及ぶ場合があります。

専有部分である住戸内に位置する躯体の補強工事など，特定の専有部分への立ち入りを要する場合で，どうしても当該区分所有者の承諾が得られない場合には，当該区分所有者に対し，専有部分の使用承諾請求（区分所有法6条2項，3項）等の法的手段を用いる必要があります。

また，バルコニー等共用部分での工事には，使用承諾を要しませんが，プライバシー侵害や騒音・振動などによる影響が受忍限度を超える場合，発注者である管理組合も施工者と連帯して不法行為責任を負う可能性もあるため，注意が必要です。

耐震改修工事を行う決議を経ており，その計画によれば特定の専有部分の使用が必要となるものだとしても，当該区分所有者の承諾もなく，専有部分に立ち入って工事を行うことなどは当然できません。

まずは，十分に説明と協議を行い，任意の協力を得られるように努力すべきです。

しかし，他方で，当該区分所有者の承諾を得ない限り，立ち入りできないのであれば，ごく少数の区分所有者の行為によって事実上耐震改修工事が不可能になり，区分所有法や促進法が多数決によって耐震改修の実施を可能にした意味がなくなってしまうという問題があります。

そのため，当該区分所有者に対する法的手段によって，立ち入りを実現することが認められています。

耐震改修工事に協力しない者への専有部分の使用承諾請求

管理組合は，共用部分を改良する工事に必要な範囲内において，当該部分の区分所有者または占有者に対し，専有部分の使用を請求することができるとされています（**区分所有法6条2項，3項**）。

そこで，共用部分の改良に関する使用承諾請求（**区分所有法6条2項，3項**）の規定を，耐震改修工事に関しても用いることができると解し，当該

専有部分の区分所有者が任意に承諾しないときは，承諾請求訴訟（**民法414条2項**）を提起して，承諾に代わる確定判決を取得し，立ち入ることができると考えられます。

ただし，この場合，当該区分所有者が損害を受けたときは，その損害に応じた金額を支払わなければなりません（**同ただし書**）。

区分所有法の使用承諾請求は，第3章Q45で説明した民法209条1項の隣地使用請求権に類似した制度です。

民法209条1項の隣地使用請求権の場合と同様に，この制度によって使用の承諾を得るには，前述した訴訟などの法的手段を取る必要がありますし，この制度を利用したとしても，当該区分所有者が損害を受けたときに，その損害に応じた金額を支払わなければならないことには変わりありません。なにより，民法209条1項による隣地使用と異なり，極めて強い私的領域である住戸内への立ち入りを強制的に行うものですので，住民間の感情的対立を激化させるものといえます。あくまで「最後の手段」と考えて，他の建物部分への補強で代替し立ち入りを回避するか，任意の承諾を得るために最大限努力すべきでしょう。

なお，Q55で述べたようにバルコニーは共用部分であり，専有部分に含まれませんので，外部にて工事を行う限りについては使用許諾までは不要です。ただし，プライバシー侵害，騒音・振動など，重大な影響が及び得るため，事前に十分な説明を行う必要があります。また，それらの影響が受忍限度を超える場合には，施工者との共同不法行為等に基づき，工事を差し止められたり，管理組合に損害賠償義務が発生する可能性があります（**第3章Q43**）。

第6章

建物をめぐる法律問題の基礎知識

第1章～第5章の責任論の前提となる
法律の基本的な考え方について，
建築と関連づけて説明します。
先にざっと通読していただくのも結構ですし，
前の章と並行して
拾い読みしていただくのでも
よいと思います。

法律上の責任

Q64：「法律上の責任」って何ですか？

A 法律により明示的または黙示的に定められる，一定の作為または不作為の義務をいいます。また，その義務に違反した場合に負う不利益を指す場合もあります。

ただし，この義務に違反した場合に生じる不利益の有無，およびその内容は，根拠となる法律によってさまざまです。

社会生活上，事故が起こった場合などにおいて，当事者や関係者の「責任」が問われることがあります。ここでいう「責任」とは，倫理観など「良心」に照らし非難を受ける地位にあるとして「道義的責任がある」ということや，公的機関の長にあったなど立場上非難を受けるべきであるとして「政治的責任がある」というなど，さまざまな意味で用いられます。

法律の規定により，一定の地位にあること，または，一定の行為を行った場合に，法律に定められた行為を行う義務，または，行為を行ってはならないという義務が生じる場合があります。このような作為・不作為義務のこと，また，その義務に違反した場合に負う不利益を，「法律上の責任」または「法的責任」という場合があります。

本書において論じる「責任」とは，この「法律上の責任」を指しています。

法律上の責任の中にも，多種多様なものがあります。

例えば，義務に違反した者に生じる不利益に着目すると，①特段の不利益を受けないもの（努力義務にとどまる），②刑罰を受ける可能性があるもの，③行政処分の対象となるもの，④（最終的に）損害賠償の対象となるものとがあり，②については刑事責任，③については公法上の責任，④については民事責任などとも呼ばれます。②〜④の効果が，一つの行為から重複して発生することもあります。

上記のような責任の種類によって，責任追及のための手段（行うべき裁判等の種類）も異なります。

ここで，法律上の責任を整理すると，おおよそ以下のようなイメージになります。

種類	根拠法令	手続	効果
刑事責任	刑法，○○取締法，建築基準法等	逮捕，起訴 刑事裁判	刑罰（懲役，罰金など）
公法上の責任	建築基準法 建築士法，等	告知・聴聞，等	行政処分（免許取消，業務停止など）
民事責任	民法，会社法 借地借家法，等	民事裁判，調停（話し合い）	損害賠償 建物明渡，登記移転，等

建築基準法・建築士法等にみる設計者の法的責任の例

例えば、建築士法18条2項は、建築士が設計を行う場合において、建築主に対し「設計の内容に関して適切な説明を行うように努めなければならない。」ことを定めていますが、「努力することが求められる」規定であり、これに違反し適切な説明を怠ったとしても、建築士法上、直ちに何らかの不利益を受けるものではありません。もっとも、民法上、建築主（施主）に対して、契約に基づく損害賠償義務を負う可能性があります（民事責任）。

一方、同じ建築士法違反でも、建築士が、建築基準法の規定に違反する設計を行った場合、建築士法10条1項1号に基づき、戒告、1年以内の業務停止、免許取消の懲戒処分（行政処分）を受ける可能性がある上、違反の内容によっては建築基準法98条1項に基づき、3年以下の懲役または300万円以下の罰金を科される可能性もあります（刑事責任）。

なお、このような場合、民法上も施主に対して損害賠償義務を負う可能性があり（民事責任）、さらに、事故が起きて死傷者が発生した場合には、刑法に定める業務上過失致死傷罪等に当たるものとして5年以下の懲役もしくは禁錮、または100万円以下の罰金を受ける可能性もあります（刑事責任）。

民事上の責任

Q65：損害賠償を支払わなければならないのは，どのような場合ですか？

A 損害賠償を支払う義務を負うのは，特定の人に対して何らかの法的義務を負っていながら，それを怠った場合，また，他人の生命・身体・財産を損なうなど，法律の定める損害賠償請求権の発生要件に当たる行為を行った場合などです。

民事上の責任とは？

本書で主に取り扱う責任は，私人間に生じる民事責任です（ただし，建築基準法，建築士法等に基づく公法上の責任なども扱っています。）。

民事責任は，民法や商法など，主に私人の権利や取引などを規律する法律である民事法を根拠に発生する責任で，特定の私人に対して私人として負う義務であるというところに特徴があります。私人とは，公的な立場を離れた個人という意味ですが，もちろん契約の主体となる会社や地方公共団体なども含まれます。

契約に基づく責任

民事法を根拠とする責任のうち，主なものは，契約に基づく履行義務です。例えば，物を売った場合の引渡義務，物を買った場合の代金支払義務が典型例です（**売買契約・民法555条**）。

仮に，売主が契約上の義務を果たさず，引渡請求を行っても物を引き渡さない場合，代金を支払った買主に損害が生じますので，買主は義務を怠った売主に対して，損害賠償を請求できると定められています（**民法415条**）。また，引き渡した物に瑕疵（欠陥）があるなど，契約どおりの義務の履行とはいえない場合も，まず行うべきは義務の履行請求ですが，履行がされない場合，買主に損害が生じますので，最終的には買主は損害賠償を請求できます。

契約どおりの履行がなされない場合に発生する効果（請求権・義務）は，契約の類型によって個別に定められており，例えば，請負契約に基づき完

成させて引き渡した建物に瑕疵がある場合，注文者（施主）は請負人（施工者）に対して，建物を補修せよと請求することもできるとされています。

しかし，請負人が補修義務も果たさない場合，最終的な解決方法として，金銭的解決，すなわち損害賠償請求を行うことになります。

契約に基づかない責任

一方，民法が定める損害賠償請求権の発生要件に当たる行為を行った場合に，いきなり損害賠償義務が発生する場合もあります。他人の生命・身体・財産等の法律上の利益に損害を与えた場合の「不法行為」(**民法709条以下**) です。

不法行為は，主に，当事者同士に法律関係がない（見ず知らずの）他人同士を想定し，最初から金銭的解決を目指します。

建築・不動産関係における民事上の責任の発生根拠

建築や不動産に関してよく問題になるのは，以下の条文と法律関係です。
①施主 vs 施工者：請負契約・**民法632条以下**
　（建物引渡請求権，請負代金請求権，瑕疵担保責任，契約の解除，等）
②施主 vs 設計者：準委任契約・**民法656条，643条以下**
　※設計契約を請負契約とみる考え方もあります。
　（債務不履行責任，報酬請求権，契約の解除，等）
③買主 vs 売主：売買契約・**民法555条以下**
　（建物引渡請求権，登記請求権，売買代金請求権，瑕疵担保責任，等）
④賃貸人 vs 賃借人：賃貸借契約・**民法601条以下**，借地借家法（借地法）
　（使用収益権・修補請求権，賃料請求権，明渡請求権，原状回復請求権等）
⑤近隣住民 vs 施工者・施主：不法行為・**民法709条以下**，その他
　（損害賠償請求権，工事差止請求権）

損害賠償義務の発生

Q66：損害賠償請求を拒めるのは，どのような場合ですか？

A 法律に照らして損害賠償義務が発生する根拠がない場合（損害賠償義務発生の要件を満たさない）には，損害賠償義務を負いません。

また，法律上の根拠がある（損害賠償義務発生の要件を満たす）場合でも，全部または一部の支払を拒むことができる場合もあります。法律に定める「支払を拒むことができる理由」（これを，「抗弁」といいます。）がある場合です。

義務発生の根拠を欠くという主張＝「否認」

まず，損害賠償義務を負うのは，法律上に義務の根拠がある場合に限られますので，その裏返しとして，法律上の根拠がない場合は，損害賠償を支払う義務はありません。例えば，そもそも契約自体が成立していない場合，相手方に損害が生じていない場合などです。「対応が悪い」などの抽象的な理由で，損害賠償を強制されることはないのです。

したがって，法律上の根拠規定の要件を満たさない場合は，支払を拒むことができます。

企業のブランドや信頼を守るために，道義的責任や社会的責任などという批判を無視できないという場合もありますが，それは，法的責任とはまったく別の問題です。これらは，意識的に切り分けることが必要です。

履行を拒むことができる事情の主張＝「抗弁」

また，法律に定める「支払を拒むことができる」事情がある場合にも，請求を拒むことが可能です。自らが契約上の義務を果たしたという主張も，法律の世界では抗弁として分類されています。

また，こちらが負っている義務と同時に果たすべき義務を，相手も負っている場合，先にこちらだけ義務を果たさなければならないとすれば，不公平です。その場合，相手が義務を果たすまでこちらも果たさない，という抗弁を主張することができます（同時履行の抗弁権，**民法533条**）。ただ

し，お互いに「お先に」といって睨み合っていても仕方ないので，双方が同時に義務を果たすようにします。

　また，お互いに金銭債権（「金を払え」という権利）を持っている時は，一方的な意思表示によってお互いの債権を差し引く「相殺」によって，支払いを拒むことも可能です（**民法505条**）。ただし，不法行為によって負った損害賠償義務については，相殺によって支払いを拒むことはできないことになっています（**民法509条**）。

　このような支払を拒むことができる事情があることによって，相手方の請求権を消滅させたり，行使できないようにする効果があるのです。

相当因果関係

Q67：「私のせいではありません。」と反論して，責任を免れることはできますか？

A 私の行為から損害が発生したものではない＝「因果関係がない」という主張が認められる場合には，損害賠償義務が発生するための要件を満たしておらず，損害賠償義務を負わないという結論になります。

相当因果関係とは？

損害賠償義務の発生には，契約上の義務の不履行や加害行為と損害の間の因果関係（「あれなければこれなし」）という関係が必要です。損害には，不履行や加害行為から直接発生する損害の他，間接的に発生する損害も含まれます。因果関係を有する以上は，損害の填補（穴埋め）による救済を認めるべきだからです。

もっとも，責任を負うべき損害の範囲がどこまでも広がってしまっては，かえって公平を欠く結果になりますし，賠償する側も義務を負う範囲の見通しが立ちません。そこで，損害賠償の対象となるのは，社会通念上損害の発生が相当と認められる範囲に限られることになっています（相当因果関係）。

民法は，損害賠償を負うべき範囲について，「通常生ずべき損害」と，当事者がその事情を予見し，または予見可能だった「特別の事情によって生じた損害」と定めています（**民法416条**）。

特別損害の具体的事例

例えば，売主Aが売った買主Bの建物で雨漏りが生じた場合を考えてみましょう。

まず，売主Aは，売買契約に基づく瑕疵担保責任として，買主Bに対し雨漏りの補修費用相当額の損害賠償義務を負います。これは，建物の不完全さを補う金銭なので，履行に代わる損害賠償の一種です。

一方，雨漏りによって濡れて使い物にならなくなった家財道具の時価相当額についても，通常程度の価値の家財道具であれば，損害賠償義務が発

生します。雨漏りが生じれば，家財道具に損害が生じるのは，「通常生ずべき」といえるからです。

　もっとも，一般の戸建住宅である買主Bの家の小屋裏の物置に，特別に高価な物（例えば，数千万円の絵画としましょう）が置かれていた場合には，売主Aがその特別な事情を予見し，または予見できたかどうかで判断することになります。

　通常，そのような高価な絵画が一般の戸建住宅の小屋裏の物置に保管されることは考えにくいといえ，特に説明を受けたなどの事情がない限り売主Aが特別の事情を予見することは不可能であると思われます。

　したがって，社会通念上，雨漏りと絵画の水濡れという損害との間に因果関係は認められず，絵画は損害には含まれない可能性があります。

　売主Aは，「絵画が濡れたのは，私のせいではありません。」と主張し，それについての損害賠償義務を免れることができる可能性があると思われます。

地震の介在によって，相当因果関係が否定されるか？

　地震によって建物が倒壊した場合でも，同様に，相当因果関係の有無が問題となります。

　建物の倒壊が，地震という特別の事情によって生じた損害だとしても，地震が予見される通常レベルのものであれば，施工や建物の瑕疵（通常備えているべき性状（性質・状態）を欠くこと）と損害の因果関係は否定できないことになると思われます（**第1章Q2，Q3参照**）。

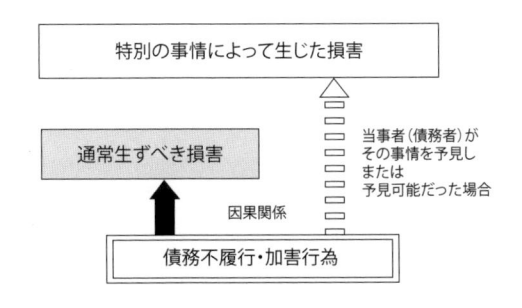

> 過失責任の原則

Q68：「仕方がなかった」と主張して，責任を免れることができますか？

A 損害の発生を避けるために手段や方法がなかった＝「過失がなかった」という主張が認められる場合には，多くの場合，損害賠償義務が発生するための要件を満たしておらず，相手方の請求が認められないという結論になり得ます。ただし，例外もあります。

「過失なければ責任なし」

「法は不可能を強いるものではない」といわれています。「責任」が，義務を怠ったことによって負う不利益であることからすると，世の中の仕組みの原則として，原則，真にできなかったことについてまで，不利益を課されるべきではないと考えられます。

そのため，法律上の責任を問う前提として，行為者に過失があることが要件とされていることが多く，これを「過失責任の原則」と呼んでいます。

過失は，損害を回避すべき立場にある人が，結果を予見して避けることができたのにもかかわらず，回避しなかったこと，と言い換えることができます。法律上の言葉では，予見可能性・結果回避可能性を前提とした結果回避義務違反，ともいいます。

例えば，現場監督が，コンクリート打設中の型枠に空き缶が落ちている箇所の横を通りがかった場合における，現場監督自身の過失を考えてみましょう。

現場監督は，一般に躯体中に空き缶などの異物が打ち込まれる可能性があることを認識しており（予見可能性），異物が躯体に打ち込まれないようチェックし（予見義務），仮に型枠中に入っていた場合に直ちに除去する役割を担っています（結果回避義務）。したがって，ぼんやり現場を眺めていて空き缶に気が付かなかったり，気が付いても面倒だからと見ぬふりをして除去しなかったりした場合は，監督として果たすべき義務を果たしておらず，過失があるということになります。

一方，前日のチェックでは問題がなかったのに，コンクリートの打設の直

前に空き缶を発見し，打設を止めようとしたけれども間に合わず，空き缶が生コンに埋まってしまって取り出せないという場合は，結果回避可能性がなく，監督自身には過失はないという結論になると思われます（ただし，会社としての責任は別です。）。

では，通りがかったのが，たまたま見学会で来ていた近所の人だったらどうでしょうか？

素人である近所の人は，型枠の中に空き缶が落ちているなどと予想できませんし（予見可能性なし），仮に見つけたとしても，それを除去しなければならない立場ではありませんので，何ら義務違反はありません（結果回避義務なし）。もちろん，知っていたのなら，引率の現場監督に声をかけてあげるべきでしょうが，それは人の良心に委ねられた道徳の問題であり，法的責任，つまり損害賠償を受ける関係にはありません。

「過失責任の原則」例外

ところで，「過失責任の原則」には，例外があります。

過失がなくても負う責任を，「無過失責任」といいます。

例えば，請負契約や売買契約に基づく責任である，瑕疵担保責任がそうです。

また，不法行為における工作物責任という類型の中の所有者の責任も，無過失責任です。

第1章で説明したように，地震で瑕疵ある建物が倒壊した場合の建物所有者の責任は，この無過失責任ということになります。所有者に過失がないことを理由に，責任を免れることはできません。

しかし，だからといって必ずしも損害を賠償しなければならないというわけではありません。Q67で検討したとおり，地震が介在している場合には，因果関係などの他の要件が問題になるからです。

契約上の責任

Q69：契約をすると，法律上はどういうことが起こりますか？

A 契約を締結すると，契約の内容として定めた法的な効果が発生します。相手に対し契約内容を実現させるよう求めることができるようになる一方で，自らの義務を果たさなければならなくなるものが多いですが，一方が権利を取得し，他方が義務を負う類型の契約もあります。

契約により発生する義務「債務」

契約の成立など法律の要件を満たすことによって，相手方に対し果たさなければならなくなる義務を「債務」といいます（その反対が「債権」です。）。一般的には，何らかの行為を行うとか，一定の状態を実現することなどですが，契約によって発生する債務の具体的内容は，双方の合意内容によって決められます。

例えば，売買契約の場合，「一方が○○○○万円を払う。代わりに，他方がこの家を引き渡す。」という内容です。

契約の一般的な類型である双務契約（双方が債務を負う売買契約，請負契約など）の場合，契約の成立によって，債権を取得する一方で，債務を負う関係になります。

また，契約によって生じる義務は，原則として契約の相手方に対してのみ負う相対的なものです。例えば，売買の買主の妻に建物の瑕疵を主張されたとしても，妻に対して補修などを行う義務を負うわけではありません。

債務不履行，転じて，損害賠償義務

一方が履行義務を果たさず，果たさないことについて故意や過失がある場合（債務不履行）には，履行請求権の他，契約類型ごとの法律の定めに従って，別の義務や損害賠償義務が発生します。

当事者間で，契約書に「違約条項（約束を守らなかった場合のきまり）」を定めている場合もあります。

また，契約の類型によっては，故意や過失を必要としない無過失責任を定めているものもあります。前述した，瑕疵担保責任がそうです。

この瑕疵担保責任に関しても，契約書に，建物の部位や発生事象などの項目ごとの瑕疵担保期間を定めるなど，当事者間での特約を定める場合があります。

　以上のように，契約によって生じる権利や義務，義務を果たさなかった場合の解決方法などは，次頁以降に説明するような契約類型ごとの法律の定めを原則としつつ，契約の当事者間で特に定めた契約条項（特約）がある場合には，それに従います（ただし，より優位な立場の一方当事者にのみ著しく有利な特約であるなど，特約の内容によっては，例外的に効力が認められない場合もあります。）。

請負契約に基づく責任

Q70：建築を請け負った施工者は，どのような責任を負いますか？

A 建築請負契約によって，施工者は，契約で決められた建物を施工し完成させて，施主に引き渡す義務を負います。

引き渡した建物に瑕疵（きず・欠陥）があった場合，施工会社は，補修をするかまたは補修費用相当額を損害賠償として支払い，さらに，瑕疵から生じた損害を賠償する義務を負います。これを，瑕疵担保責任といいます。

目的物である建物の完成引渡義務

まず，施工者（請負人）は，建物を完成させて引き渡す義務を負います（**民法 632 条**）。

仮に，施工者の側に原因があり（帰責事由といいます。），建物の完成・引渡しが遅れた場合，引渡しが遅れたことによって生じた損害を賠償する義務を負います。

一方，施主が代金を支払わない場合，引渡と代金支払いは同時履行（代金と引換え）が原則（**同法 633 条**）ですので，代金支払より先に引き渡すことを約束していない場合は，相手方が代金を支払うまで引き渡さないと主張することも可能です。

瑕疵担保責任における瑕疵とは何か？

施工者は，引渡した建物の瑕疵について，自己に過失がなくとも瑕疵担保責任を負います（**同法 635 条**）。では，どのような事象が瑕疵に当たるのでしょうか？

この点「約束した仕事の完成」が施工者の義務ですから，当事者間の合意が基準となります。まず，目的物が通常備えているべき性能を有していることは，当事者間の合意の前提になっているのが普通ですので，特段の事情がない限り，この性能を欠く場合，瑕疵に当たります（客観的瑕疵）。また，当事者間で時に合意した内容とで食い違う点は，瑕疵に当たります（主観的瑕疵）。

例えば，通常，建築基準関係法令上適法な建物であることが，請負契約の前提であるといえるため，違法な建物は（違法の程度にもよりますが）

客観的な瑕疵があると評価される可能性が高くなります。もっとも，瑕疵の基準となるべき「通常」といわれる性能のレベルや特段の合意の有無・内容については，双方の主張が食い違うケースが多いです。

通常，契約書に添付される設計図書の内容は，一応，契約における合意の内容ということができます（契約書には見積書も添付されていますので，設計図書の解釈上，それらは考慮されます。）。しかし，建物の規模や契約の経緯などによって，その膨大な情報のすべてについて法的拘束力を有する合意があったとみるのはやや疑問があり，設計図書と施工した建物との食い違いがすべて瑕疵に当たるとは限らないと思われます（設計図書の不備や誤記，施工裁量に委ねられる部分もあるからです。）。

また，建築物が通常備えているべき性能のレベルは，建物の用途やグレードなどによって幅があります。遮音など感覚的な評価が問題になる性能について，基準が明確でないことによるトラブルも多くなっています。

請負契約の目的物が建物など土地工作物の場合は，瑕疵によって契約の目的を果たせない場合でも，注文者は契約を解除し代金返還を請求することはできません（**民法635条ただし書**）。なぜなら，解除され，原状回復として建物撤去を強いられることの施工者の負担と，社会的損失が大きすぎるためです（両者で合意解約し，建物を撤去するのは自由です。）。

もっとも，「建物に重大な瑕疵があって，建替え以外に方法がないという場合」には，建替費用相当額の損害賠償請求が認められ，結果として解除と同様の効果を得ることができるとされています。

何年間，責任を負うのか？～瑕疵担保期間

請負人が瑕疵担保責任を負う期間は，建物の種類によって引渡しから5年または10年と定められていますが（**民法638条**），実務上は，特約によって部位ごとに期間を定め，引渡しから2年程度とされていることが多いです。ただし，新築住宅については，品確法の定めにより，構造耐力上主要な部分および雨水の浸入を防止する部分の瑕疵に限り，10年間瑕疵担保責任を負う必要があります。

なお，瑕疵がある建物であっても，予定された全工程を一応終了していれば完成したものと認められ，引渡し時が瑕疵担保期間の起点となります。

設計・監理業務委託契約に基づく責任

Q71：設計者，工事監理者は，どのような責任を負いますか？

A　設計および工事監理を内容とする業務委託契約によって，設計者は，自らの責任で，契約上約束した建築工事の実施のために必要な図面および仕様書を作成する責任を負い，工事監理者は，工事を設計図書と照合し，工事が設計図書のとおりに実施されていることを確認する義務を負います。

　ただし，設計者が，契約上，設計図書の完成義務までを約束しているのか（設計図書一式を完成し引き渡さなければ報酬を請求できないか）否かについては，契約の性質論からの争いがあります。

　建築士法の定義や建築実務から考える設計業務，工事監理業務の内容については，第2章Q18，Q21で検討しているとおりですので，ここでは，設計・工事監理に関する契約の，法律上の考え方について説明します。

設計業務委託契約とは？

　上記Q21の中でも触れていますが，設計業務委託契約（以下，単に「設計契約」といいます。）の法的性質が請負契約（**民法632条**）か準委任契約（**民法656条，643条**。「準委任」というのは，法律行為ではない行為の委託であり，法律行為の委託である委任の条文が準用される契約の類型です。）かが，しばしば議論になります。というのは，民法は，それぞれの契約類型によって，要件と効果を定めていますので，異なる類型に分類されると，適用すべき条文が異なり，設計に瑕疵がある場合や報酬請求の可否について，違う結論が導かれることになるからです。

　設計契約が設計図書という成果物の完成・引渡しを目的としている点からは，設計契約が請負と考えるのが素直であり，そのように明示した判例もあります。しかし，請負だとすれば，設計者は，設計図書を完成させる義務を負い，報酬は原則として設計図書と引換えに後払い（**民法633条**）となりますので，設計者に原因がなく設計が途中で中止されて途中までの作業が無駄になった場合に，まったく報酬を得られない可能性があります（準委任契約の場合，設計者に終了原因がなければ，既に行った履行の割合に応じて報酬請求できる。**民法648条3項**）。一方，施主の側から見ても，

設計に原因があって完成した建物に瑕疵が発生したとしても，設計図書の引渡しから1年で設計者に対する契約責任が追及できなくなる（瑕疵担保責任，民法637条）のではないかという点が，指摘されています。

多くの設計業務が，請負のような定型性を有しないものであることから，設計契約が準委任契約であるという説も有力であり，準委任契約であることを前提とする裁判例も少なくありません。設計契約が多種多様であるからすると，その法的性質も個別に判断せざるを得ないでしょう。

契約に際し，民法上の原則と異なる合意をすることは可能であり，上記のような報酬，責任存続期間，中途解約などに関する事項は，契約書にあらかじめ定めていれば，後に解釈で疑義が生じることがありません。

契約書・約款のひな形を使用する際も，こうした視点から内容を十分に確認する必要があると思われます（なお，四会連合協定設計・監理等業務委託契約約款のひな形は，準委任契約に親和的であるといわれています。）。

工事監理業務委託契約とは？

工事監理業務委託契約（以下，「監理契約」といいます。）に関しては，裁判例は準委任契約であることを前提としており，設計契約ほど大きな争いはありません。

監理契約で注意すべき点は，工事監理の方法をあらかじめ定めておくことです。施工のすべてについて工事監理者が確認できるものでありませんので，工事監理者の責任範囲を画する上では，どの程度の監理を行うことを契約で合意したかが重要なのです。建築士法24条の8に定める契約締結時の交付書面には，工事監理の種類および内容，実施の期間および方法などを記載しなければならないとされています。

契約における監理方法の定めにおいては，国土交通省が設計事務所の報酬の基準（建築士法平成21年国土交通省告示15号）に関連して定める「工事監理ガイドライン」が参考になります。

工事監理者は，契約で定めた合理的な監理方法を前提として，善管注意義務（善良な管理者としての注意義務，つまり，専門家としての通常の水準の注意義務のことです。）を負い，善管注意義務を怠ったと認められなければ責任を負わないということになります。

売買契約に基づく責任

Q72：建物の売主は，どのような責任を負いますか？

A 売買契約によって，売主は，契約の目的物である特定の建物の所有権移転義務，引渡義務，および所有権移転登記手続義務に協力する義務を負います。

また，引き渡した建物に隠れた瑕疵があった場合，瑕疵担保責任に基づき，瑕疵があることにより生じた損害を賠償する義務を負います。

瑕疵によって買主が目的を達成できない場合，買主は契約を解除することができ，売主は受領した代金を返還しなければなりません。

目的物である建物の引渡義務

売主は，売買契約によって建物を引き渡す義務を負います。

仮に，売主が建物を引き渡さない場合，売主は，引渡し義務を負うとともに引渡しまでの期間に応じた遅延損害金の支払い義務を負い，契約を解除された場合は受領済の代金を返還する義務を負います。

もっとも，引渡しと代金支払は同時履行（**民法533条**）が原則ですので，先に引き渡すことを約束していない限り，買主が代金を支払うまで引き渡さないと主張することも可能です。その場合，遅延損害金は発生しません。

また，買主が約束の日を過ぎても代金を支払わず，法律上支払いを拒むことができる理由がない場合，催促してもなお，一定の期間支払わなければ，売主の側から契約を解除することも可能です（**民法541条**）。

売買契約に基づく瑕疵担保責任

売主は，引き渡した建物の瑕疵について，瑕疵担保責任を負います（**民法570条，566条**）。

先に説明した請負人の瑕疵担保責任（**Q70**）との違いは，売主は損害賠償義務を負うとしても，自ら補修する義務までは負わないという点と，瑕疵が，普通に注意していても発見できない「隠れた」瑕疵であることが必要な点です。瑕疵があることが最初からわかっているのであれば，契約後に責任追及を認める必要はないからです（売買契約における瑕疵担保責任は，瑕疵がある建物と，瑕疵がないことを前提として支払った代金との均

衡を取る趣旨であるといわれており，瑕疵がわかっていたのならこの趣旨は当てはまりません。）。

また，瑕疵を発見した場合の解除または損害賠償請求は，瑕疵の発見から1年以内に行わなければならないとされています。

どのような事象が瑕疵に当たるかについては，請負契約（**Q70**）と同様に，通常備えているべき性能の不足（客観的瑕疵），当事者間で特に合意した内容との違い（主観的瑕疵），から判断することとなります。もっとも，前述のとおり，瑕疵は「隠れた」ものでなければなりません。

瑕疵担保期間の違い

引渡しから10年を経過すると，瑕疵担保責任に基づく損害賠償請求権は，時効消滅して，認められなくなります。

もっとも，実務上は，契約時の特約により，瑕疵担保責任を追及できる期間が引渡しから2年程度とされることが多いです。

ただし，平成12年4月1日以降に引き渡された新築住宅については，品確法の定めにより，構造耐力上主要な部分および雨水の浸入を防止する部分の瑕疵に限り，10年間の瑕疵担保責任を負うことになっています。

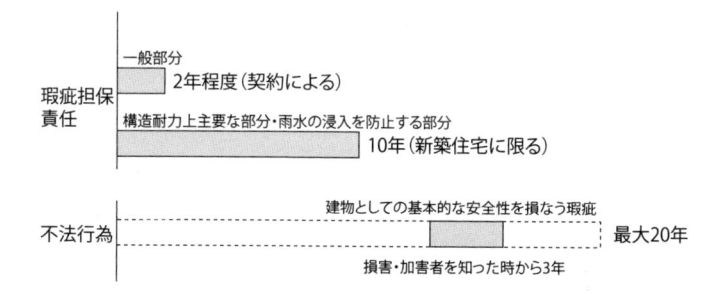

瑕疵担保責任
- 一般部分：2年程度（契約による）
- 構造耐力上主要な部分・雨水の浸入を防止する部分：10年（新築住宅に限る）

不法行為
- 建物としての基本的な安全性を損なう瑕疵
- 損害・加害者を知った時から3年
- 最大20年

賃貸借契約に基づく責任

Q73：建物の賃貸人は，どのような責任を負いますか？

A 建物賃貸借契約によって，賃貸人は，賃借人が建物を使用できる状態で引渡し，使用させる義務を負います。また，賃借人の使用収益に必要な範囲で，建物を修繕する義務を負います（修繕義務）。

賃貸人が，これらの義務を履行せず，賃借人の使用収益に支障が生じている場合，賃借人は，支障が生じている割合に応じて賃料の支払いを拒み，さらには契約を解除することができる場合があります。

賃貸借契約は，賃貸人がある物について賃借人に対し使用収益させ，賃借人がこれに対する賃料を支払うという契約です（**民法601条**）。

建物の賃貸借契約は，その契約の更新等について借地借家法に規定されていますが，借地借家法に定めのない事項については，原則どおり，民法に従います（賃貸人の修繕義務は**民法606条**，賃料減額請求と解除は**民法611条**に定められています。）。

どのような場合に賃貸人が修繕義務を負うか，また，賃借人の使用収益に支障が生じているといえるかについては，第4章Q46〜49を参照してください。

一方，賃借人は，賃料支払義務さえ果たせばよいというものではなく，契約および目的物の性質に従った使用収益をしなければなりません。賃借人が義務に反し，信頼関係が破壊された場合には，賃貸人から契約を解除できる場合もあります。

似て非なる使用貸借契約

借主が対価である賃料を支払わないと定めて貸した契約関係は，使用貸借（**民法593条**）といいます。親族や知人間で行われる謝礼程度での貸し借りは，これに当たると判断される場合があります。

使用賃借権は，借地借家法による借主の保護規定が適用されないなど，あまり強い権利ではありません。しかし，法律上は一応の保護をされているため，安易に退去を求めることができるとは限らない点，注意が必要です。

> 不法行為責任

Q74：「不法行為」とは何ですか？

A 民法に定められた，故意や不注意（過失）によって，他人の生命・身体・財産・その他の法律上保護された権利・利益に対し，損害を与えた場合は，この損害を賠償する義務を負うというルールです。

契約関係にない者同士の紛争を，損害の公平な分担により被害者を救済して解決する一方，加害者の責任に一定の枠を示す役割を果たしています。

不法行為責任が発生する要件とは，加害者側の故意または過失（注意義務違反）と，それによって，被害者の法律上保護される権利・利益が侵害され，損害が生じたことです（**民法709条**）。

この場合の権利・利益は，法的保護の対象となり得る具体的なものでなければなりませんが，名誉やプライバシーも保護の対象とされており，必ずしも有形物や金銭である必要はありません。建物が建つことにより，損なわれる「景観」に関する権利・利益が争われるケースもあります（国立マンション訴訟，**最高裁平成18年3月30日判決**）。

契約責任との違い

不法行為責任は，それまで無関係だった当事者間でも，事故など何らかの接点が生じたことから，いきなり損害賠償義務という法律関係が発生するという特徴があります。

不法行為は，適用の場面が非常に広く，典型例は交通事故ですが，不倫，名誉毀損，環境破壊などに関する損害賠償請求などを認める根拠にもなります。

建築紛争でも多く用いられており，例えば，近隣紛争であるとか，建売住宅の買主が直接の契約関係にない施工業者や造成業者に対して，基本的な安全性を欠くほどの瑕疵を理由に訴える場合の根拠ともなります。

また，契約関係にある当事者間においても，契約責任と併せて主張される場合があります。特に，不法行為責任は，引渡し後，長期に渡り追及が可能であるため（**Q76**），瑕疵担保期間を経過した後にあっては，不法行為が争われることになります。

本書では，地震と建物に関する法律関係を扱っていますが，地震の被害は契約関係の有無を問わず，第三者に及ぶため，不法行為が問題となる場面が多くなります。例えば，地震によって建物が倒壊・破損するなどしたために，所有者以外の通行人，利用者などの第三者が死傷した場合の責任などは，不法行為（Q75で述べる一般の不法行為および工作物責任）の成否が問題となります。

軽視できない所有者責任

Q75：建物を所有しているだけで，損害賠償義務を負うことはありますか？

A 建物所有者は，過失がなくとも，建物の「設置または保存」に瑕疵があることによって他人に損害を生じさせた場合には，損害賠償義務を負います。

建物など土地の工作物が原因で第三者に損害が発生した場合，不法行為の中でも特に，以下の「工作物責任」（**民法 717 条**）が問題となります。

```
不法行為      ──  一般不法行為（民709）
 責 任
              ──  工作物責任（民717）  ──  占有者責任（民717本文）
                                        所有者責任（同ただし書）
```

工作物責任は，まず占有者の責任が問題となり，占有者に過失がない場合は，最終的に，所有者が責任を負わなければなりません。

これは，危険を発生させ得る建物等の所有者には，現実化した危険の責任があると考えるものです。建物等を所有することで利益を得ている以上，責任を果たすべきという考え方もあります。

建物は，当然に民法 717 条のいう土地の工作物に含まれます。民法の工作物の範囲は，建築基準関係法令とは異なる広い概念であるため，注意が必要です（230 頁「土地の工作物とは？」参照）。

設置・保存の瑕疵とは何か？

工作，物責任における設置・保存の瑕疵とは，「工作物が，その種類に応じて，通常予想される危険に対し，通常備えるべき安全性を欠いていること」であるとされています（**第1章Q2**，相対的な安全性であることを示した裁判例，**仙台地裁昭和 56 年 5 月 8 日判決等**）。

工作物の瑕疵の判断について，判例は，「構造用途，場所的環境および利用状況等諸般の事情を総合考慮して具体的個別的に判断する」としてい

ます（国の営造物責任に関する判例，**最高裁昭和53年7月4日判決**）。また，建物に関しては，一般の不法行為責任に関する判例ですが，「建物としての基本的な安全性」という言い方・基準を用いており（**最高裁平成19年7月9日判決**），少なくとも，契約責任における瑕疵と大きく異なり，「建物の美観や居住者の居住環境の快適さを損なうにとどまる瑕疵は，これに該当しない」としています（**最高裁平成23年7月21日判決**）。

　建築物にとって「通常予想される危険」が何で，どのような場合に，「通常備えているべき安全性を欠いている」と評価されるのかについては，色々な問題があり，第1章で検討しています。

　そして，設置した当時から瑕疵がある場合が，設置の瑕疵であり，維持・管理が不十分で生じた瑕疵が，保存の瑕疵といわれています。

土地の工作物とは？

　民法のいう「土地の工作物」とは，「土地に接着して人工的作業を加えることによって成立した物」です。

　建物は，当然に工作物に含まれます。

　裁判ではしばしば，損害発生の原因となった物が工作物に当たるか否かが争われます。裁判例によれば，エスカレーター，自動ドア，建物内部の機械設備等も工作物に当たります。中には，床置きの備え付け消火器まで認めた裁判例もあります。また，ブロック塀や擁壁，土地の形状を人工的に変化させた場合としてスキー場，ゴルフ場等も，工作物に当たるとされています。

　つまり，民法の「土地の工作物」は，建築基準法2条1号の建築物の定義における「土地に定着する工作物」よりも，さらに広い概念であるといえるでしょう。また，通常，建築実務において「工作物」と言えば，建築物以外の建築基準法88条（工作物への準用）の示す「煙突，広告塔，高架水槽，擁壁その他これらに類する工作物」の非常に狭い意味で用いられることが多いのですが，これとは異なるため注意が必要です。

Q76：不法行為責任は，何年で請求できなくなりますか？

A 不法行為に基づく損害賠償は，被害者が損害と加害者を知った時から3年間，不法行為時から20年以内に，請求をしなければなりません。

　不法行為に基づく損害賠償請求権は，通常の債権の消滅時効10年よりも短い3年の消滅時効が定められています（**民法724条**）。これは，契約関係にない第三者間の紛争であるため，不意打ちを避ける必要があり，また，時間の経過によって立証も困難になることから，あまり長期間を経過してからの権利行使は避けるべきとの趣旨によるものです。

　さらに，除斥期間といって，不法行為の時から20年を経過すると，その後に損害や加害者を知った場合でも損害賠償請求はできなくなります（**同条**）。

除斥期間の起算点を結果発生と考えることはできるか？

　竣工引渡しから20年以上経過してから小規模な地震が発生し，建物が倒壊して工事の手抜きが見つかったような場合に，施工者に対し，不法行為責任を問うことはできるでしょうか？

　加害者側の不法行為の時から20年を超えると一切責任追及できなくなるという点は，加害行為から一定期間を経過後に損害が発生する公害などについて，被害者保護の観点から問題があるとし，起算点を損害発生時とする考え方があります。

　しかし，「不法行為の時」という条文の文言と「損害発生時」という解釈は遠いとも思えますし，前述の時効の趣旨にも反しますので，特に救済の必要性が高い場合に限定すべきと考えます。

　判例は，じん肺など蓄積進行性の健康被害のような，不法行為の損害の性質上，加害行為が終了してから相当の期間が経過した後に発生する場合に限って，当該損害発生時点を起点とした20年の除斥期間を認めています（**最高裁平成16年4月27日判決**）。

　建物の瑕疵については，小規模な地震で倒壊する危険があるような手抜き工事という瑕疵は，建物の引渡時からすでに存在していますし，放置し

た場合に危険が現実化する不具合も，現在の瑕疵として損害賠償請求が認められること（**最高裁平成 23 年 7 月 21 日判決**）から，損害発生時を起点とすべき理由はないと考えられます。

したがって，竣工引渡しから 20 年以上経って建物が倒壊した場合には，手抜き工事であっても，施工者に対する民事上の責任追及はできないとの結論になります（ただし，刑事責任を問われる可能性があることについては，**第 2 章 Q20 参照**）。

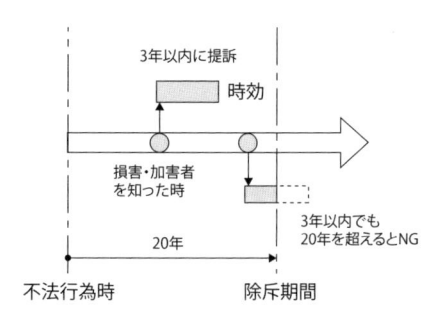

法的な紛争解決の仕組み

Q77 :「法的な解決」とは，どういうことですか？

A 法律に定められた法的な紛争解決手段としては，主に，裁判所による調停・裁判手続があります。また，裁判所の調停に似た手続きとして，建設工事紛争審査会，住宅紛争審査会，弁護士会の紛争解決機関等の調停手続があります。

　調停手続は，調停委員会（裁判官と裁判官以外の調停委員による合議体）が当事者の言い分を聴き，法定な評価を加えながら双方の譲歩を促し，合意による解決を図ろうとするものです。比較的な簡単な手続きで利用でき，調停が成立した場合には，調停調書に判決と同じ後述の効力が認められますが，双方に歩み寄りがなければ，結局は調停不成立となります。

　裁判手続は，民事訴訟といわれる手続で，裁判所に対し「被告は原告に○○円を払え」等の判決を求めることになります。

　裁判で得た確定判決には，敗訴した本人が任意に支払わなくても，強制的に財産を差し押さえるなどして金銭上の満足を実現させる，特別の強い力があります（ただし，さらに執行手続が必要となります。）。もっとも，払うお金や財産がなければ差し押えようがなく，裁判には勝ったけれどもお金は回収できないというケースは少なくありません。

　なお，建築の裁判は，専門性が高く争点も多岐に渡るため，他の裁判より時間がかるのが通常です。3〜4年かかる事件もざらにあります。

　仮に同じ事案を前提とした場合，判決が担当裁判官ごとに異なるなどということはあってはならないため，裁判所は，法に従い，一定のルールに則って判断を行います。そのため，過去の類似した事案の裁判例の判断基準を検討することには，意味があります。

　裁判以外で当事者同士が話し合う場においても，紛争の最終的な行き着く先が裁判所（特に最高裁判所）であることから，裁判例の判断基準は参考になります。

　もっとも，まったく同じ事案などというものは存在しない（建築紛争は特に）のですから，どこに共通性があってどの点が違うのかを，個別具体的に検討することになります。

民事責任とその他の責任との関係

Q78：建築基準法違反は，損害賠償の裁判にどのように影響しますか？

A 損害賠償義務は，民法などの民事法を根拠とするものであり，刑法などの刑事法や建築基準法，建築士法等の公法は直接の根拠にはなりません。

しかし，民事法の要件を解釈するに当たり，刑事法や公法を考慮することは行われています。

例えば，交通事故を起こしたAさんが，刑事裁判で自動車運転過失致傷罪に処せられた場合，Aさんの「過失」を基礎づける事実を刑事の裁判所が認めたことになるため，民事裁判でもAさんの「過失」が認められやすくなり，結果として損害賠償が認められやすくなります。

同じようなことが，建築の民事裁判でも考えられます。

建築基準法は，公法上の規定（行政法規）であるため，建築基準法違反は，直接，設計者等の民事上の責任を基礎づけるものではありません（**最高裁平成23年7月21日判決の第二次差戻審である福岡高裁平成24年1月10日判決**）。

しかし，契約責任に関しては，当事者の合理的意思の解釈として，通常，建物が建築基準法に違反していないことを契約の前提としていると考えられるため，建築基準法違反が瑕疵と評価され，損害賠償義務に結びつきやすいということになります。

不法行為責任に関しては，瑕疵の判断の基準である「建物としての基本的な安全性」の水準が建築基準法と必ずしもイコールではないため，建築基準法違反が直ちに不法行為上の瑕疵に当たるとはいえません。もっとも，建築基準法が，国民の生命，健康および財産の保護を目的とした最低の基準（**建築基準法1条**）であることからすると，違反している項目や内容の重大性によっては，「基本的な安全性」を欠いているとの評価に結び付き得ると考えます。

さらに，設計者は，建築士法上，建築士としての法令遵守義務を負っていることからも，建築基準法違反の事実が，設計者の過失や債務不履行という評価に結び付き得ることになります。

民事訴訟の「弁論主義」

Q79：裁判所は「真実」を解明してくれますか？

A 民事訴訟は，「真実」の解明を目的とするものではありません。裁判所は，当事者双方の提出する主張・証拠から判断できる事実で，当事者の請求の当否を判断するのに必要な限度でのみ，「事実」を認定して判決に示しますが，それが必ずしも「真実」に合致するとは限りません。

仮に，相手の主張が「真実」に反する場合でも，こちらがきちんと反論し証拠を提出しなければ，裁判上認められてしまう可能性がありますので，注意が必要です。

民事訴訟は，原告の請求が認められるか否かを判断するという手続ですが，判決の基礎となる事実を主張し，それに関する証拠を提出することを当事者に委ね，裁判所はそれに反する判断をしてはならないという原則に従って行われています（これを「弁論主義」といいます。）。

つまり，民事訴訟の仕組み上，裁判所の認定する事実は，原則，当事者双方の提出する主張・証拠から導かれる事実であり，当事者の十分な主張立証がなければ，裁判所に自然科学的意味での「真実」の解明を期待することはできないということになります。

主張・立証しなければ裁判は負けてしまうこと

前述のとおり，弁論主義において，判決の基礎となるのは，原則として当事者双方の提出する主張・証拠のみですので，判断に必要な事実について，裁判所に理解可能な形で主張し，証明力のある証拠を提出しなければ，裁判に負けてしまいます。

「裁判所は真実をわかってくれる」などということはありません。特に，建築に関する裁判は，技術的な点を裁判所にもわかるように，説得的に説明することが重要になります。そのためには，訴訟代理人となる弁護士と建築士などの専門家が，協力し合うことが必要となります。

困ったときの「信義則」

Q80：「信義則」って何ですか？

A 信義則とは，
「権利の行使及び義務の履行は，信義に従い誠実に行わなければならない。」という民法1条2項に基づく，民法の基本原則の一つです。

　建築基準法がすべての建物を想定して規定しておらず，解釈が分かれることがあるように，民法もすべての場面を想定して規定しているものではなく，解釈が分かれることがあります。紛争になればなおさらです。
　仮に紛争になってもお互い，信義に従って誠実に，権利を行使し義務を果たし，解決していきましょう，ということを，民法の冒頭に定めているのです。

　信義則は，既存の法理の内容を具体化する場合，既存の法理を修正する場合，適切な既存の法理が存在しない場合に，問題解決のために用いられます。
　具体的には，契約の当事者間において契約から直接導かれる義務以外の周辺的な義務を「信義則上の義務」として認めるとか，当事者との特別な関係にある第三者の故意過失について，当事者本人の故意過失と「信義則上同視」して過失相殺する（**民法722条2項**）といった修正（例えば，夫が運転する被害自動車に妻が同乗していた場合の妻の損害賠償請求について，夫の過失を妻の過失と同視して過失相殺を行うなど）によって，当事者間の公平を図り紛争を解決しようとする例が見られます。

この本で用いている用語・略語

【法律編】

注意義務	結果の発生を避けるべき法的義務を負うこと
過失	注意義務を怠ること，落ち度，不注意(結果を避けるべき義務を負い，避けることが可能だったにも関わらず避けなかったこと)
瑕疵	きず，欠陥（通常備えているべき性状や，当事者が特に約束した性状を有しないこと）
(契約の)解除	意思表示により，契約をなかったことにすること
債務不履行責任	過失によって，契約で約束した義務を果たさないことにより生じる責任
瑕疵担保責任	売主や請負人が負う，引渡した物の瑕疵に関する責任 （無過失責任…過失がなくても責任を負う）
不法行為責任	過失によって，他人の権利を侵害し，損害を生じさせることにより生じる責任
工作物責任	不法行為の一種で，建物などの占有者・所有者が負う無過失責任
最高裁	最高裁判所
高裁	高等裁判所 （札幌，仙台，東京，名古屋，大阪，広島，高松，福岡）
地裁	地方裁判所 （各都道府県にそれぞれ，本庁と支部がある）
最判	最高裁判所判決
高判・地判	高等裁判所判決・地方裁判所判決
判例	最高裁判決
裁判例	高裁・地裁の判決
品確法	住宅の品質確保の促進等に関する法律
促進法	建築物の耐震改修の促進に関する法律
宅建業法	宅地建物取引業法
区分所有法	建物の区分所有等に関する法律

【建築編】

設計図書	設計図，および仕様書など設計の内容を表す書類（工事に必要な実施設計図書を指すことが多い）
確認申請図書	建築確認に必要な設計図，確認申請書（実施設計図書や，実際に工事した内容を示した竣工図書とは区別される）
設計施工	設計・監理と施工とを，同一人が一貫して請け負う方法（利害対立が生じ得る異なる職能であり，別の者が請け負うべきとの考え方もある）
RC造	鉄筋コンクリート造
耐震壁	地震などの水平方向にかかる力に対して耐力を発揮する壁
新耐震基準	建築基準法に基づく現行の耐震基準（昭和56年6月1日施行）
（目安）	中地震動 → 構造体力上主要な部分に損傷が生じないこと 大地震動 → 建築物が倒壊・崩壊しないこと
中地震動	中程度の荷重・外力。建物供用期間中に一度以上発生する可能性の大きい地震動（震度5強～6弱程度を想定）。
大地震動	最大級の荷重・外力。建物共用期間中に発生する可能性のある最大級の地震動（震度6強～7程度を想定）。
既存不適格	建築当時の建築基準法には適合しているものの，その後の法改正によって現行法に適合しておらず，建築基準法3条2項により適法化義務を免れていること（およびその建築物）
耐震（構造）	地震の激しい揺れに対して，壊れないように頑丈に造ったもの（および構造）
免震（構造,装置）	地震の激しい揺れを，地面から伝わる部分でゆっくりとした動きに変えるための仕組み（免震装置）を設置したもの（および構造）
制震（構造,装置）	地震の激しい揺れを吸収し，建物の揺れを抑える装置（制振装置）を建物に設置したもの（および構造）

【その他】

地震名：東北地方太平洋沖地震　⇔　東日本大震災
同：兵庫県南部地震　⇔　阪神淡路大震災

リスク情報開示・想定リスク分散型の新たな契約書のススメ

　建物の耐震改修工事には，既存建物の瑕疵が「見えない」という大きなリスクが潜んでいます。

　今までも，戸建リフォーム工事現場では，事前の計画段階では発覚していなかった瑕疵が解体工事の過程で発覚した場合に，当該瑕疵を補修する工事費用が追加工事費用として請求できるか，という論点はありました。この点は「追加もやむを得ない」ものとして，建築主が追加費用を許容してきたのが実情ではないでしょうか。
　また，リフォーム計画について，設計契約が締結されておらず，工事費用とは別に設計費用を請求することもないようなケースでは，設計者が既存建物の瑕疵に気がつかなかったとしても「やむを得ない」（責任を問わない）として取り扱われてきたものもあるのではないかと思います。

　他方で，大規模建築物の改修にあたっては，工事金額も多額であり，耐震診断および補強設計費用も多額です。
　例えば，築50年のビルを耐震補強して使い続けたいと考えていた建築主も，既存建物の構造部分に5,000万円をかけなければ補修できない瑕疵があることが工事途中に判明したとなれば，「瑕疵の補修に多額のお金がかかるのであれば，いっそのこと，建物を新築に建て替えればよかった」と後悔することでしょう。
　そうすると，耐震診断および補強設計を担当していた設計事務所の責任問題が出てきてしまうわけです。

この手の問題に対しては，契約書に「耐震改修工事のリスクを回避する」という「逃げ」の特記事項を設け，契約書によるリスク対応をすることになると思います。
　この契約書を設計事務所サイドがつくろうとすると，設計事務所サイドが設計業務契約書に，「既存建物の構造部分については，瑕疵無く施工されていることを前提に設計する」「検討した範囲外は免責」などの契約条項が契約書の中に記載されることになりますし，施工会社サイドにてつくろうとすると，「設計図面に書いていない新たな工事については追加工事費用を別途請求する」といった契約条項が契約書の中に記載されることになるでしょう。
　しかし，プロである設計者・施工会社がお互いに逃げてしまっていては，リスクはすべて建築主が負担することとなり，建築主は「泣き寝入り」を強いられることとなって，理不尽です。こんなリスクのある耐震改修工事に建築主は多額の資金を投下して取り組むのでしょうか？　建築主の中には，「既存建物の改修工事は大きなリスクだ」と考える方も出てくるのではないか，と思います。建築主に大きなリスクを負わせる契約文化では，リスクが大きすぎ，建築主は多額の資金投下をすることができません。
　そうかといって，施工会社に一方的にリスクを負わせる契約文化では，この想定リスクに対応する予備費が高額となり，耐震改修工事費用の高額化を招いてしまいますし，耐震設計を実施した設計事務所にリスクを負わせてしまうと，ひとたび瑕疵が大きな瑕疵が発見されれば，賠償能力に限界のある小規模設計事務所では倒産の危機に直面することとなります。

筆者は，耐震改修工事を積極的に推進していくためには，「既存建築物の瑕疵問題」にどのように向き合い，どのようにリスクを事前にあぶりだし，各当事者が想定リスクをいかに公平に分担するか，という視点が極めて重要ではないか，と考えております。

　まずは，調査や設計になるべくコストをかけたくない，という意識の改善からスタートすべきでしょう。

　例えば，一般財団法人日本建築防災協会発行の『耐震診断基準・同解説』等，促進法の技術上の指針に記載されている確認項目については，最低限，設計者に確認してもらい，建築主はこれに要する適正費用をきちんと支払うこと。建築主には，瑕疵リスク回避のためのコスト負担が重要であるという意識を持っていただきたいと思います。

　建築主に「安く仕上げるための改修である」との意識があると，ついつい破壊調査など調査費用が多額になる調査を避ける傾向になりますが，耐震改修トラブルは，この事前の調査を実施しないことがきっかけとなって生じるものもあります。

　次に，リスクの事前説明の重要性でしょう。

　残念ながら，既存建物の中には，竣工図どおりに施工されていない建物が多くあります。なかには，法令違反や約定違反の瑕疵ある施工がなされているが，雨漏りや床の傾斜などの不具合現象が発生していないために瑕疵に気がつかないこともあります。

リスクの確認という観点から，懸念されるリスクは，改修計画の段階で，徹底的に確認し，そして，そのリスク情報を建築主・設計者・施工者全員の共通認識事項とした上で，この想定リスクに対しての危険の負担割合をしっかりと各契約書に盛り込む努力も必要になると考えます。ここで，既存建物の改修工事については，新たなカタチの契約書を整備することをご提案したいと思います。

　まえがきにも触れましたが，2020年の東京オリンピック・パラリンピック開催時までには，防災都市東京を構築し，この都市構築技術と東日本大震災からの復興を世界にアピールしたいところであり，防災都市構築のために必要な建物の耐震改修工事は，力強く推進されるべきであろうと思います。

　この耐震改修工事に潜むリスクを誤魔化しながら工事をし，トラブルを後に発生させるのではなく，リスク情報開示・想定リスク分散型の新たな契約スタイルを耐震改修工事の分野で積極的に採用し，皆，安心して前向きな気持ちで耐震改修工事に取り組んでいただくことのできるよう，私たちは住宅・建設業界専門の弁護士として，新たな契約書の提案や新たな保険の構築など，新しい法的課題に積極的に取り組んでいきたいと考えております。

弁護士法人匠総合法律事務所
代表社員弁護士　**秋野卓生**

耐 震 化 の 法 律 読 本
法的リスクを回避するための Q & A 80

発行	2014年3月16日
著者	弁護士法人匠総合法律事務所
発行者	橋戸幹彦
発行所	株式会社建築技術
	〒 101-0061
	東京都千代田区三崎町 3-10-4 千代田ビル
	TEL03-3222-5951　FAX03-3222-5957
	http://www.k-gijutsu.co.jp
	振替口座 001-7-72417
造本デザイン	春井裕（ペーパー・スタジオ）
DTP組版	株式会社三光デジプロ
印刷	石塚印刷株式会社
製本	勇英社製本株式会社

落丁・乱丁本はお取り替えいたします。
ISBN978-4-7677-0142-4 C3052
Ⓒ弁護士法人匠総合法律事務所
Akino and Ariga L.P.C